Rainer Hambrecht / Wolfgang Mück
Siegfried Kett / Hermann Glaser

DAS BRAUNE FRANKEN

Schrenk - Verlag
2017

Reihe **Buchfranken** - Bücher über und aus Franken
Herausgegeben von Prof. Dr. Hermann Glaser † und Dr. Johann Schrenk

Bd. 8 Rainer Hambrecht u.a., Das braune Franken

Bd. 1 Godehard Schramm, Drei ganz Besondere
Bd. 2 Günter Höhne (Hg.), Des Flusses und der Liebe Wellen
Bd. 3 Siegfried Kett, Erhellung und Beschleunigung
Bd. 4 Winston Kelley, Amerikanische Dichter & Denker in Franken
Bd. 5 Hermann Glaser, Zwischen Furchenglück und Sphärenflug
Bd. 6 Hermann Glaser (Hg.), Lukullus in Franken
Bd. 7 Otto Glaser u.a., Gedichte von Vergessenen
Bd. 8 Rainer Hambrecht u.a., Das braune Franken
Bd. 9 Franz Sonnenberger, Der Brückenbauer
Bd. 10 Hermann Glaser, Irgendwie traurig, vielleicht auch heiter
Bd. 11 Bernd Siegler/Chr. Bausenwein, Franken Fußball I
Bd. 12 Bernd Siegler/Chr. Bausenwein, Franken Fußball II
Bd. 13 Jürgen Walter, Ich kann nicht mehr zurück ...
Bd. 14 Manfred Schreiner, Mit schüchternem Stolz ...
Bd. 15 Michaela Domes (Hg.), Die ganze Welt ist Bühne ...
Bd. 16 Dieter Gärtner, Der Medicus von Bamberg
Bd. 17 Günther Kraus, Alles hat seine Zeit
Bd. 18 Hermann Glaser, Geburtstag bei Mörderinnen
Bd. 19 Fridhelm Klein, 1000 Tageszeichnungen
Bd. 20 J. Franzke u.a., Marx meets Wilson

Sonderband 01
Hermann Glaser (Hrsg.), In Franken wieder Heimat finden
Sonderband 02
Hermann Glaser (Hrsg.), Lichtbild(n)er, Fränkisches Bilderbuch des Meisterphotographen Horst Schäfer

Impressum

Alramweg 3, 91187 Röttenbach
schrenk@buchfranken.de / www.buchfranken.de
Satz und Layout: Schrenk-Verlag
Redaktion: Hermann Glaser und Johann Schrenk
Cover: Gestaltung Schrenk-Verlag unter Verwendung eines *Gemäldes von der Saalschlacht in Schney (Lkr. Lichtenfels);*
Druck: ScandinavianBook, c/o Druckhaus Nord GmbH,
91413 Neustadt a. d. Aisch

Originalausgabe 2017, ISBN 978-3-924270-88-9

Rainer Hambrecht / Wolfgang Mück
Siegfried Kett / Hermann Glaser

Das braune Franken

Hitlers Weg von München nach Berlin

Das völkische und braune
Ober-, Mittel- und Unterfranken

Buchfranken
Bücher über und aus Franken
im Schrenk-Verlag

Inhalt

Inhalt

Hermann Glaser

Unter Volksgenossen – Jugend in Mainfranken

Auf dem Hesselberg / Mfr. sollte eine von zehn Adolf-Hitler-Schulen des Deutschen Reichs entstehen. Grafik aus: Thomas Greif (Hrsg.), der Hesselberg – Eine Kulturgeschichte, Reihe Fränkische Geschichte im Schrenk-Verlag, Band. 17, Gunzenhausen 2011

DAS BRAUNE FRANKEN

Hitlers Weg von München nach Berlin

Das völkische und braune Ober-, Mittel- und Unterfranken

ZUR EINFÜHRUNG

Am 9. November 1923 scheiterte Adolf Hitler mit seinem als Volksaufstand inszenierten Marsch von München nach Berlin, mit dem er, Mussolinis Beispiel folgend („Marsch auf Rom"), die demokratische deutsche (Weimarer) Republik stürzen wollte. Schon an der Feldherrnhalle wurden die teilweise noch unter Alkoholeinfluss stehenden Marschierer – im Bürgerbräukeller hatte sie der „Führer" am Vorabend in revolutionäre Ekstase versetzt – von der bayerischen Polizei mit Gewalt angehalten; in deren Kugelhagel starben 16 Teilnehmer. Hitler mystifizierte sie dann zu „Blutzeugen" seiner Bewegung und stellte ihre Namen auf einem Gedenkblatt seinem Buch „Mein Kampf" voraus, das er in der Festungshaft, zu der er als Hauptrădelsführer verurteilt wurde, schrieb.

Dass und wie es Hitler dann dennoch gelang, in Berlin als Reichskanzler zur Macht zu kommen, zeigt Rainer Hambrecht im ersten Beitrag dieses Buches. Auf der Basis seines bahnbrechenden Werkes über den Aufstieg der NSDAP in Mittel- und Oberfranken 1923 bis 1933 schildert er, wie die Bedrohung der Republik durch Hitler und dessen Einzug in den Regierungssitz Berlin vor allem deshalb gelingen konnte, weil er in Franken, unterstützt von Julius Streicher, für seine Ideologie eine „Brücke" vorfand; sie beförderte seinen Weg maßgebend.

Ansonsten vereint dieses Buch über das „braune" und „völkische" Franken verschiedene Formate. Westmittelfranken steht im Fokus der Beiträge von Wolfgang Mück und Siegfried Kett. Mück nimmt einen Zeitroman über Neustadt an der Aisch zum Anlass, in dessen Spiegelung ein Sozio- und Psychogramm dieser Kleinstadt vorzulegen, das – auch stellvertretend für andere fränkische Gemeinden – Einblick gibt in die gesellschaftlichen und sozialpsychologischen Strukturen und Verhältnisse, die den Aufstieg des Nationalsozialismus gerade in Franken begünstigten. Viel Trauerarbeit wäre da angebracht; doch zeigt der Beitrag von Kett, dass diese als Erinnerungsarbeit oft „verquere" Formen annimmt (mit Ipsheim als Beispiel).

Darüber hinaus widmen sich Ketts Recherchen einem zentralen Topos fränkischer Kulturgeschichte: der Burg Hoheneck. Wie dieser Ort zu einem Zentrum völkischer Ideologie werden konnte, ist ein Beispiel für den Missbrauch historischer Denkmäler (wie er in Deutschland ubiquitär anzutreffen ist).

Mainfranken bzw. Unterfranken hätte ebenfalls eine zeithistorische Analyse „verdient". In Ermangelung eines Textes hat der Mitherausgeber der Buchreihe „Buchfranken" (Hermann Glaser) einige wenige Impressionen aus seiner Jugendzeit zusammengestellt. Vor den Bombenangriffen aus Nürnberg evakuiert, verbrachte er die meisten Kriegsjahre in der unterfränkischen Kleinstadt Königsberg im Haßgau, der Heimat seiner Mutter und Wohnort der Großeltern. Was er dort „unter Volksgenossen/-genossinnen" erlebte, hat ihn später dazu veranlasst, sein Buch „Spießer-Ideologie. Von der Zerstörung des deutschen Geistes im 19. Jahrhundert und den Aufstieg des Nationalsozialismus" zu schreiben.

In seinem Beitrag zu diesem Band werden ganz wenige Schlaglichter auf die kleinbürgerliche Mentalität geworfen, die mit der Bezeichnung „Spießer" wohl – wenn man vom heutigen Sprachgebrauch ausgeht – zu harmlos klingt. Es geht um den an sich tief erschreckenden und beunruhigenden geistesgeschichtlichen Wandel über Jahrzehnte, bei dem aus dem Bildungsbürger der Untertan und dann der Volksgenosse wurde. Franz Grillparzer stellte in einer dunklen Vision 1849 fest, dass die deutsche Geschichte von der Humanität durch Nationalität zur Bestialität (sic!) führen werde.

Dieses Buch macht deutlich, wie und warum dieses furchtbare Diktum sich anschickte, Realität zu werden – in Franken, vor allem in Franken. (Freilich auch anderswo.)

Hermann Glaser

Rainer Hambrecht

Die Brücke Franken

Franken - eine entscheidende Station auf Hitlers Weg von München nach Berlin

Von[1] Franken war Hitler merklich angetan. Das illustriert u. a. das folgende NS-Zitat: *Wie unendlich oft mußte der Führer die Fahrt von München nach Berlin und von Berlin nach München unternehmen! ... Durch Ingolstadt geht es und Nürnberg ... Weiter durch das herrliche Frankenland. Wie eine köstliche Musik nimmt Adolf Hitler hier den ewigen Wechsel der sanften Hügel und Täler, der Wiesen und Felder, den Zusammenklang von Landschaft und Kultur in sich auf. - Immer aufs neue empfindet der Führer das fränkische Land als die deutscheste aller Landschaften.*

Hitler in fränkischer Landschaft (im Hintergrund Hiltpoltstein, Lkr. Forchheim).

Und weiter: *Nicht umsonst hat er die ehemalige freie Reichsstadt Nürnberg, die Stadt der Meistersinger und lange Zeit der geistige Mittelpunkt des ersten Reiches ... ein für allemal zur Stadt unserer Reichsparteitage bestimmt.*

So in hymnischen Worten 1934 Otto Dietrich, seit 1931 Reichspressechef der NSDAP, in seinen Erinnerungen *Mit Hitler in die Macht*[2]! Sie lassen eines erkennen: Franken und Hitler bzw. Franken und die NSDAP der sogenannten Kampfzeit – das erschien wie eine Symbiose! Die Begründung, die das Zitat dafür gibt, hat freilich mehr mit der Selbststilisierung Hitlers zu tun, als eines für Landschaftsreize und Historie empfänglichen Schöngeists; sie verschweigt die bestimmenden Momente. Darum die Frage: Weshalb besaß Franken im NS-Wortschatz den ihm eigenen Klang?

Julius Streicher (1885-1946), um 1923.

Eine denkbare Antwort ergibt sich aus der Analyse des parteioffiziellen Titels *Frankenführer*[3] für den Gauleiter von Mittelfranken (bzw. seit 1936 von Franken), Julius Streicher, – eines einmaligen NS-Titels, eines Titels *sui generis*, wie er keinem anderen aus der nationalsozialistischen Führerriege zukam. Zurückzuführen war er auf Streichers Sonderrolle in der Frühzeit der NSDAP. Dessen Demagogie und antisemitischen Hasstiraden – u. a. in seinem Hetzblatt DER STÜRMER – fielen in Franken auf einen fruchtbaren, einen besonders aufnahmebereiten Boden.

Denn diese politische Landschaft war für die Ausbreitung der NSDAP insgesamt von entscheidender Bedeutung gewesen. Nicht nur geografisch, sondern auch politisch stellte Franken zwischen München und Berlin eine *Brücke*[4] dar – so ein von maßgebenden Nationalsozialisten nach 1933 oft bemühtes Bild. Dieses Bild sollen einige grobe, die Details vernachlässigende Striche skizzieren.

Auf München, den Ausgangspunkt der NS-Bewegung, hatte sich – anders als öffentlich wahrgenommen – Hitlers Machtstreben selbst in deren Anfängen nie beschränkt. Berlin galt sein besonderes Interesse, lange bevor er Ambitionen auf die Kanzlerschaft zu erkennen gab. Dorthin unternahm Hitler seit 1920 Betteltouren zur Finanzierung der finanziell stets klammen Parteizeitung, des VÖLKISCHEN BEOBACHTERs, und des Partei-Verlags (Eher-Verlag). Doch bei Kontakten zu großindustriellen Geldgebern etwa um den Eisenbahn- und Maschinenfabrikanten Ernst von Borsig blieb es nicht; Hitler suchte zugleich die Nähe politisch einflussreicher, völkisch gesinnter Kreise – von Justizrat Heinrich Class vom Alldeutschen Verband, von General Erich Ludendorff, die Nähe der Mitglieder des Nationalen Klubs und später der Vereinigten Vaterländischen Verbände[5]. Über den jeweils aktuellen Fragen und Hilfsersuchen verlor Hitler dabei nie sein großes Ziel aus den Augen – die absolute Herrschaft über das Deutsche Reich; so bereits 1923 in einer Rede: *Für mich ist die deutsche Frage erst dann gelöst, wenn die schwarzweißrote Hakenkreuzfahne vom Berliner Schloß weht.*[6]

Der Stürmer

Nürnberger Wochenblatt zum Kampfe um die Wahrheit

HERAUSGEBER: JULIUS STREICHER

Nummer 5 | Nürnberg, im Febr. 1927 | 5. Jahr 1927

Das Urteil

Auspeitschung, Schändung und Kreuzigung - Fünf Monate Gefängnis Empörung im Volke

Die Juden sind unser Unglück!

Die antisemitische Zeitschrift DER STÜRMER, Nr. 5, 1927 mit der stereotypen Fußzeile „Die Juden sind unser Unglück!"

Auf Grund seiner zentralen Lage zwischen der ‚Hauptstadt der Bewegung', München, und der Reichshauptstadt fiel Franken eine Brückenfunktion zu. Eine Brücke jedoch, die Verkehrsströme anzieht und kanalisiert, lässt sich strategisch in zweierlei Hinsicht nutzen: zum einen – und das ist der Normalfall – um die Verbindung zwischen getrennten Gebieten zu erleichtern, zum andern aber lässt sich durch sie ein Weg auch sperren. Deshalb bildete die Eroberung Frankens eine wesentliche Vorbedingung für die Expansion der NSDAP nach Norden und schließlich für Hitlers Griff nach der Macht in Berlin. – Ihre Fortsetzung fand die Brücke Franken, die an den weißblauen Grenzpfählen endete, übrigens im Land Thüringen, wo die NSDAP auf ähnlich gute Bedingungen traf; dies sollte man bei aller Betonung der Bedeutung Frankens für den Aufstieg der NSDAP nicht vergessen.

Das metaphorische Bild der Brücke provoziert die Frage nach deren Fundament und den Pfeilern. Den festen Grund bildete zweifellos die sozioökonomische und konfessionelle Struktur dieser politischen Landschaft. Daher meint Franken im besprochenen Kontext nicht den gleichnamigen Reichswahlkreis 26, sondern nur die beiden Regierungsbezirke Mittel- und Oberfranken unter Ausschluss von Unterfranken.

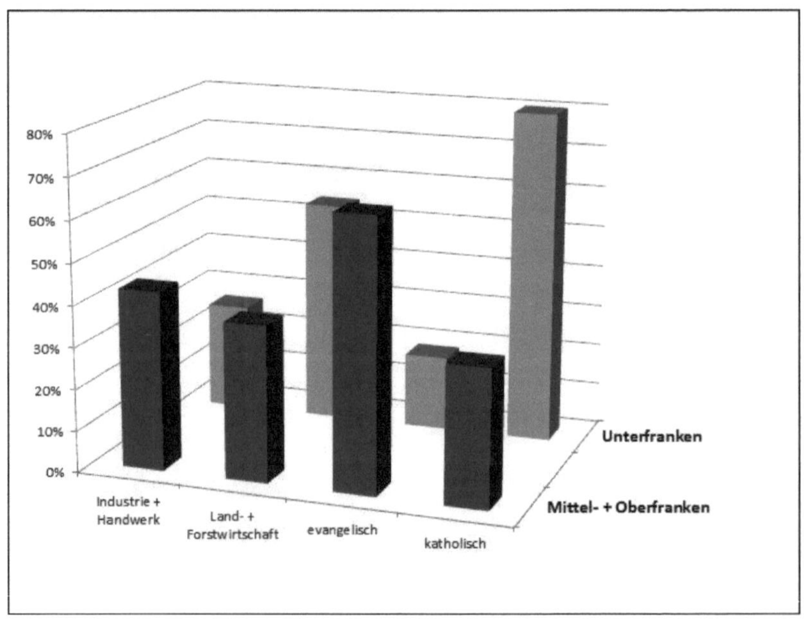

Die strukturellen Unterschiede (1925) zwischen Mittel- und Oberfranken einerseits sowie Unterfranken andererseits: Industrie und Handwerk – Land- und Forstwirtschaft – Konfessionen.

Denn während die Erwerbstätigen in Industrie und Handwerk, also im sekundären Sektor, 1925 in Mittel- und Oberfranken knapp 43 % betrugen, waren es in Unterfranken nur 26 %. Entsprechend deutlich setzte sich Unterfranken mit einem überproportional hohen Anteil von 54 % an Beschäftigten im primären Sektor, d. h. in der Land- und Forstwirtschaft, von den übrigen fränkischen Regierungsbezirken ab (Oberfranken dagegen: 42 %; Mittelfranken, trotz seiner rein agrarischen Westhälfte sogar nur: 33 %). Noch offensichtlicher unterschieden sich die fränkischen Bezirke in der konfessionellen Ausrichtung. Die Protestanten stellten 1933 in Mittel- und Oberfranken die eindeutige Mehrheit mit etwa 65 % der Bevölkerung, wogegen in Unterfranken mit 18 % für sie eine Diasporasituation bestand; entsprechend der Katholikenanteil in Mittel- und Oberfranken rund 33 %; aber 80 % in Unterfranken. Nur die jüdische Bevölkerung mit lokalen Schwerpunkten in Fürth, Nürnberg, Kitzingen, Würzburg, Aschaffenburg, Bamberg und Coburg entzog sich der vorgenannten Abgrenzung; hier standen 1933 jeweils 1,1 % in Mittel- und Unterfranken 0,3 % in Oberfranken gegenüber. Sonst aber hob sich Unterfranken wirtschaftlich und konfessionell stets eindeutig von den übrigen fränkischen Regierungsbezirken ab; die Konsequenz für die beiden gegensätzlichen politischen Landschaften waren große Unterschiede in der politischen Orientierung und folglich im Wahlverhalten.

Auf diesem soliden Fundament gründeten Pfeiler, auf denen die Brücke Franken (d. h. Mittel- und Oberfranken) ruhte, die der NSDAP den Weg nach Berlin eröffnete. Im Gegensatz zu Altbayern lebte in Franken im 19. und 20. Jahrhundert ein gesamtdeutscher Nationalgedanke, der auf eine tief eingewurzelte Reichstradition zurückging. Denn allein das Reich hatte die schiere Existenz des fränkischen Reichskreises, der Reichsstädte und Reichsritterschaften sowie der Hochstifte Bamberg, Eichstätt und Würzburg gesichert. Besaß dieser Nationalismus zunächst eine liberale Färbung, so wandelte er sich seit der zweiten Hälfte des 19. Jahrhunderts vielfach zum Chauvinismus bzw. zu einem Nationalismus völkischer (d. h. antisemitischer) Prägung. Gefördert wurde die Entwicklung durch einen weiteren Brückenträger, nämlich die vorherrschende Konfession: Die Evangelischen, in Franken zumeist bekenntnisbewusste und -treue Lutheraner, pflegten einen Nationalprotestantismus, der seine parteipolitische Heimat bei den Parteien der Rechten fand, d. h. vor 1914 von den Nationalliberalen bis zu den Deutsch-Konservativen, ab 1917 dann bei der Deutschen Vaterlandspartei und schließlich bei der Deutschnationalen Volkspartei. Gemeinsam war all diesen Vereinigungen ein mehr oder weniger extremer, in den Satzungen offen angesprochener Antisemitismus. Diese Strebe für die beschriebene Brücke ließ sich bezeichnenderweise selbst dort politisch instrumentalisieren, wo wie in Oberfranken – ausgenommen Bamberg und Coburg – sowie im östlichen Mittelfranken kaum jüdische Mitbürger wohnten; oder zugespitzt: Es gab einen Antisemitismus ohne Juden. Als Folge des verbreiteten Antisemitismus wanderte die jüdische Bevölkerung zwischen den Volkszählungen von 1925 und 1933, also bereits in der Weimarer Zeit, in erkennbarem Umfang aus Franken ab; allein aus Fürth mehr als 500 bzw. mehr als 20 %; oder aus Bamberg 160 bzw. 16,5 %. Im nationalprotestantischen Milieu war man fast zwangsläufig antiultramontan gesinnt. Wegen der Regierungspartei, der katholischen BVP, bedeutete das aber ausgesprochen antibayerisch. Anders gewendet hieß das, große Teile Nordbayerns verfügten über ein ausgeprägtes fränkisches Sonderbewusstsein, das eine entsprechende Parteipropaganda für ihre Zwecke dienstbar machen konnte. Bei den letzten Reichstagswahlen vor dem Weltkrieg 1907 und 1912 waren Hochburgen der völkisch-antisemitischen Deutschkonservativen Partei im westlichen Mittelfranken und im Raum zwischen Erlangen und Kulmbach auszumachen. Auf diesen Brückenbögen bauten die völkischen Vereinigungen der Nachkriegszeit auf.

Denn nach dem Ersten Weltkrieg hatte sich an diesen politischen Strukturen nichts Grundlegendes geändert. Weniger Wandel als vielmehr Kontinuität sahen daher die Anhänger der vielen antisemitischen und nationalsozialen Parteien in diesen Neugründungen. In dem Milieu entstand der geistige Humus, auf dem die nationalistischen Freikorps gediehen, die von Franken aus zur blutigen Niederschlagung der Münchner Räterepublik aufbrachen. Nach deren Auflösung lebten persönliche Bindungen fort – Freundschaften und Netzwerke unter Gleichgesinnten. Von ihnen profitierte später die NSDAP in hohem Maße.

Doch danach sah es zunächst nicht aus. Denn kurz nach den Bürgerkriegsereignissen bahnte sich in Franken ein ernster Konflikt unter den Völkischen an – zwischen der Deutschen Arbeiterpartei (im Frühjahr 1920 umbenannt in Nationalsozialistische Deutsche Arbeiterpartei) und der Deutschsozialistischen Partei. Verblüffen mag es heute, dass deren faktische Führer, nämlich Adolf Hitler und sein späterer treuer Vasall Julius Streicher, sich dabei als erbitterte Rivalen auf Augenhöhe gegenüberstanden. Beide völkisch-antisemitischen Parteien waren 1919 in München aus gleicher Wurzel erwachsen. Bei den nordbayerischen Antisemiten hatte sich der Volksschullehrer Streicher ausgehend vom Deutschvölkischen Schutz- und Trutzbund in Nürnberg die führende Position erkämpft. Schon bei der Reichstagswahl 1920 errang er für die Deutschsozialistische Partei (im Folgenden: DsP) einen persönlichen Achtungserfolg (Nürnberg 1,2 %, Mittelfranken 0,5 %). In München aber hatte Hitler seinen Anspruch auf Führung aller Völkischen angemeldet. Vor dem offenen Machtkampf scheuten beide allerdings noch zurück. Im August 1920 einigten sich die konkurrierenden ‚Schwesterparteien' auf der Salzburger Tagung der völkisch-antisemitischen Parteien im deutschen Sprachraum gütlich auf jeweilige Einflusssphären; die Mainlinie sollte die Deutschsozialisten in Mittel- und Norddeutschland von der NSDAP im Süden trennen. Systemwidrig setzte allerdings Streicher für sich den Fortbestand der Nürnberger DsP durch – ein Indiz für seine starke Stellung unter den Völkischen; letztlich vermochte nicht nur diese Ortsgruppe ihre Selbständigkeit im offiziellen NSDAP-Bereich zu wahren, sondern die DsP in ganz Franken. Spätestens von diesem Zeitpunkt an standen sich Streicher und Hitler als gleichgewichtige Kontrahenten gegenüber; beide beanspruchten die uneingeschränkte Führung der deutschen, mindestens aller süddeutschen Antisemiten. Ein Versuch Hitlers, in Nürnberg Fuß zu fassen, war unmittelbar vor der Salzburger Tagung fehlgeschlagen. Streicher dagegen fühlte sich im Sommer 1921 stark genug für den Versuch, Hitler während eines mehrwöchigen Berlin-Aufenthalts in dessen ureigener Domäne München zu entmachten. Doch so einfach ging das nicht. Denn Hitler behauptete sich nicht nur in dem Konflikt, sondern er schwang sich im Gegenzug zugleich zum unumschränkten, diktatorischen Führer der Nationalsozialisten auf; die NSDAP verwandelte sich in eine neuartige ‚Führerpartei'. Noch gab sich Streicher nicht geschlagen, auch nicht als er mit seinem Anhang im November 1921 zu einer weiteren völkischen Splittergruppe, der ‚Deutschen Werkgemeinschaft des abendländischen Bundes' (kurz: Deutsche Werkgemeinschaft), übertrat. Denn seine fränkische Hausmacht bildete einen wirksamen Sperrriegel gegen die nordwärts gerichteten Expansionsgelüste der NS-Bewegung. Damit ist die zweite der eingangs erwähnten Brückenfunktionen angesprochen. Dann aber gelang es Hitler-Anhängern zunehmend, NS-Ortsgruppen in Franken zu gründen – in Scheinfeld (im März 1921), Hof, Forchheim, Eichstätt (jeweils im Februar 1922) und Neustadt a. d. Aisch (noch vor Oktober 1922). Schließlich streckte Streicher am 8. Oktober 1922 (absehbar noch vor Oktober 1922; offizielle Gründung erst am 16. März 1923) für viele überraschend vor dem stärkeren Rivalen die Waffen – allerdings nicht vorbehaltlos. Die beiden entscheidenden Sätze in seinem Brief lauteten: *Ich unterstelle mich hiemit* [sic!] *der Münchner Hauptleitung. Über die Befehlsverhältnisse in Franken müssen wir uns noch* aussprechen.[7] Sein nachvollziehbares Kalkül dürfte gewesen sein, selbst an die Spitze der von Hitler eingeleiteten Entwicklung zu treten, um für

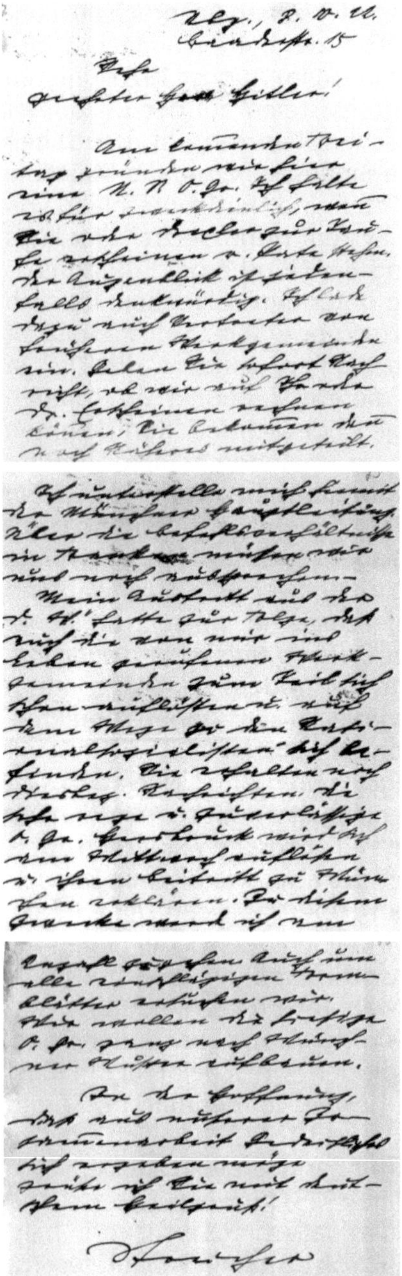

Mit diesem Schreiben vom 8. Oktober 1922 unterstellte sich Streicher mit seiner „Deutschen Werkgemeinschaft" dem erfolgreicheren Hitler (Auszüge).

sich künftig eine Sonderstellung in Franken zu sichern. Die Rechnung ging auf: Hitler vergaß Streicher die Unterwerfung nie, mit der er der NSDAP eine Brücke zur reichsweiten Ausdehnung eröffnet hatte. Wie eine lange zurückgestaute Flut verbreitete sich die NS-Bewegung in kürzester Zeit von Nürnberg aus über ganz Franken. Selbst Hitler staunte 1923 über deren Ausmaß. Die Polizeidirektion Nürnberg-Fürth konstatierte: *„Die nationalsozialistische Bewegung schiebt sich immer mehr in den Brennpunkt des öffentlichen Interesses."*[8]

Damit hatte Franken aus der Sicht der NSDAP seine Bedeutung bewiesen – nunmehr im positiven Sinn. Und dabei sollte es nicht bleiben. Eine ganze Reihe weiterer Stationen, die Aufmerksamkeit verdienen, säumten Hitlers Weg über Franken nach Berlin. Um sie wird es im Folgenden gehen, nicht um eine lückenlose Darstellung der fränkischen NS-Geschichte.

Als erste dieser Etappen war da zunächst der *„Zug nach Koburg"*[9] am 14./15. Oktober 1922, der die Aufmerksamkeit der gesamten Presse – weit über die Reichsgrenzen hinaus – auf sich zog und von Hitler in ‚Mein Kampf' fünf Seiten lang zum Großereignis hochstilisiert wurde. Hitler war mitsamt seiner Schlägertruppe, der SA im Umfang von rund

„Deutscher Tag" des Deutschvölkischen Schutz- und Trutzbundes in Coburg am 14./15. Oktober 1922; dessen Fahne mit der antisemitisch gemeinten Aufschrift „Deutschland den Deutschen".

„Deutscher Tag" in Coburg, den Hitler als geladener Gast mit seiner SA völlig dominierte. Gruppenbild mit Hitler (2. v.l.) in Mantel und Hut.

650 Teilnehmern, einer Einladung des Deutschvölkischen Schutz- und Trutzbundes gefolgt, einer Einladung zu einem der sog. Deutschen Tage, jener damals beliebten Heerschauen der Rechten und Rechtsextremen. In den Sonderzug stieg in Nürnberg auch Julius Streicher mit seinen Anhängern zu. Dort, in Coburg, nutzte

Hitler die Gelegenheit, die NSDAP dem Bürgertum als Kampftruppe gegen die sozialistische Arbeiterschaft zu empfehlen ... durch brutale Prügeleien seiner Sturmtrupps mit Gegendemonstranten. Laut NS-Propaganda und -Historiographie wurde im *bis dahin radikal roten Koburg ... die Gewalt der Roten rücksichtslos gebrochen*[10]. In Wahrheit regierte die Stadt jedoch eine bürgerliche Ratsmehrheit. Die Coburger Tage bedeuteten für die junge Partei den entscheidenden Durchbruch; erstmals war sie in großem Stil außerhalb Münchens aufgetreten, hatte sie – obwohl nur eine Gruppe unter vielen – das Treffen ausschließlich dominiert und überregionale Aufmerksamkeit erregt. Damit kündete sie nicht nur in Franken ihren Führungs- und Erbanspruch auf die gesamte völkische Bewegung an – die Deutschvölkischen, die Deutschsozialisten, die Deutsche Werkgemeinschaft usw. Im ehemaligen Herzog Carl Eduard von Sachsen-Coburg und Gotha, den er schon aus Berlin kannte, gewann Hitler zudem einen vermutlichen Geldgeber und gesellschaftlich angesehenen Förderer. Früh wehte über der Veste Coburg die Hakenkreuz-Fahne; der Herzog war einer der Träger des Coburger Ehrenzeichens der NSDAP von 1922.

Polizeidirektor Heinrich Gareis (1878–1951), der wohl wichtigste bürgerliche Förderer der fränkischen NSDAP.

Das rasche Wachstum der NSDAP begünstigten 1923 die damalige bayerische Regierung und ihr nachgeordnete Amtsstellen. Der schwelende Konflikt zwischen Bayern und dem Reich ging so weit, dass rechtsextreme Parteien und Verbände, die auf den Bürgerkrieg hinarbeiteten, als gute Patrioten galten, während verfassungstreue Republikaner sich dem Vorwurf des Hochverrats ausgesetzt sahen. So geschah es dem demokratischen Nürnberger Oberbürgermeister Dr. Hermann Luppe, als er am 1. Mai 1923 Waffenlager der Rechtsextremen und Umsturzpläne nach Berlin meldete. Vor allem seinetwegen wurde noch im selben Jahr die städtische Polizei in Nürnberg unter dem Druck der Vaterländischen Verbände verstaatlicht. Diese setzten auch den Deutschnationalen Heinrich Gareis als Leiter der neu geschaffenen Polizeidirektion Nürnberg-Fürth durch – gegen den Widerstand des Innenministeriums und der Regierung von

Mittelfranken. Nach dem Krisenjahr 1923 nahm die *„nationale"* – so der NS-Jargon – Polizeidirektion Nürnberg-Fürth eine Sonderstellung im Reich ein; denn die übrigen Präsidien waren – wie es hieß – *„schwarzroter Couleur"*[11]. Auf dem rechten Auge blind, förderte diese Polizeibehörde hinfort mehr oder weniger offen die NS-Bewegung.

Im Herbst 1923, auf dem Höhepunkt der Hyperinflation, stellten in Bayern die Staatsregierung bzw. der Notstandsdiktator Generalstaatskommissar Gustav Ritter v. Kahr die Weichen auch regierungsamtlich unzweideutig in Richtung Bürgerkrieg, auf den Marsch von der sogen. 'Ordnungszelle' Bayern nach Berlin. Dazu wurde im nördlichen Oberfranken an der Grenze zum ‚roten' Thüringen der merkwürdige Zwitter ‚Grenzschutz Nordbayern' zusammengezogen, bestehend aus Angehörigen schwer kontrollierbarer Wehrverbände – in erster Linie Jungdeutscher Orden, Bund Wiking, Bund Bayern und Reich – sowie der staatlichen Landespolizei ... und das Ganze unter formeller Reichswehrführung. Eine Reihe Deutscher Tage, die unter zunehmender Beteiligung der SA erfolgten, mit inzwischen herkömmlich gewordenen Aufmärschen der paramilitärischen Verbände und radikalen vaterländischen Reden, ließen sich als Vorspiel zur Ausrufung einer *„nationalen Diktatur"*[12] verstehen. In Franken folgten solche Massenveranstaltungen rasch aufeinander: in Marktbreit, Nenzenheim, auf dem Döbraberg, in Hersbruck, Mainbernheim, Neustadt a. d. Aisch, Kulmbach, Nürnberg, Ansbach, Bayreuth und Bamberg. In Absprache mit der Reichswehr stand die SA in ganz Franken während des 9. Novembers 1923 marschbereit, verhielt sich aber ruhig ... abgesehen von vereinzelten schweren antisemitischen Ausschreitungen. Streicher nahm zusammen mit wenigen fränkischen Nationalsozialisten am Putschversuch in München teil. Hitler hatte ihn dafür zunächst zum Propagandaleiter ernannt und dann (als er für sich selbst das Spiel verloren gab?) *„die Aufgabe des Parteivorsitzenden in die Hände des Führers der fränkischen Bewegung"*[13] gelegt. Nichts zeigte innerhalb der frühen NSDAP deutlicher die Sonderrolle Streichers und der von ihm geführten Parteigliederung. Aus Hitlers Formulierung ließ sich auf eine damals weitgehende Eigenständigkeit der fränkischen NSDAP unter Streicher schließen.

Putsch und nachfolgendes Parteiverbot der NSDAP hätten der NS-Bewegung schnell den Garaus machen können; die NSDAP wäre nichts weiter als eine kleine historische Randnotiz geblieben. Dass es nicht so kam, verdankte sie der Nachsicht der Behörden in Franken. Denn vor allem hier konnten sich die Nationalsozialisten in kaum verschleierten Tarnorganisationen ungestört in die

Streicher (vermutlich) am 9. November 1923 während des Hitler-Putsches als NS-Propagandaredner auf dem Münchner Marienplatz.

Illegalität zurückziehen. Kein Wunder daher, wenn v. Kahr feststellen musste, *„die aufgelösten Verbände"* verlegten *„ihre Tätigkeit … nach Nordbayern. Als neuer Mittelpunkt wird Nürnberg genannt."*[14] Ein Indiz hierfür die Reichstagswahlergebnisse im Frühjahr 1924: Der Völkische Block, eine Wahlplattform aller völkischen und NS-Nachfolgeparteien, vereinigte in Mittel- und Oberfranken rund ein Viertel aller Wählerstimmen auf sich. Gleichwohl dürfen diese Zahlen nicht darüber hinwegtäuschen, dass während Hitlers ehrenvoller Festungshaft die Bewegung in sich befehdende nationalbolschewistische und bürgerlich-gemäßigte Faktionen zerfiel und die Führerschaft heillos zerstritten war – zu nennen sind u. a.: die Deutsche Arbeiterpartei (anfangs unter Streicher), die Großdeutsche Volksgemeinschaft (unter Streicher, Hermann Esser), die Nationalsozialistische Freiheitsbewegung Großdeutschland (unter Gregor Strasser), der Völkische Block (zeitweise als Dachorganisation), der Frontbann (als Nachfolger der verbotenen Wehrverbände unter Ernst Röhm) usf. Deshalb erreichten die ehemaligen Nationalsozialisten am Jahresende nur noch 9 % in Mittel- und Oberfranken, immerhin das Dreifache des Reichsdurchschnitts (3,0 %). Mit Sitzen im Reichstag (aus Franken der Coburger Lehrer Hans Dietrich) und wichtiger noch mit ihren Mandaten aus den gleichzeitigen Kommunalwahlen sowie im bayerischen Landtag[15] besaßen sie Propagandaforen, die ihnen öffentliche Beachtung

Standarte der von Streicher gegründeten Nachfolgeorganisation für die verbotene NSDAP, die „Deutsche Arbeiter-Partei e. V. Nürnberg", mit der sich die Vereinigung zu „Hitler – Ludendorff" sowie „Streicher" bekannte.

Hitler inmitten von zwölf der 23 bayerischen völkischen Landtagsabgeordneten (1924–1928): darunter vier der acht aus Mittel- und Oberfranken Julius Streicher (2. Reihe, 2. v. r.), Emil Löw (2 Reihe, 1. v. l.), Georg Zipfel (1. Reihe, 1. v. r.),), Hans Dietrich (1. Reihe, 2. v. l.); nicht auf dem Bild oder nicht identifizierbar Georg Wiesenbacher, Wilhelm Holzwarth, Theodor Dörfler, Helmut Johnsen.

sicherten. In Nürnberg und Kulmbach waren es je sechs Stadträte, in Eichstätt, Röthenbach a. d. Pegnitz und Coburg je vier sowie in Gunzenhausen, Erlangen, Hof und Neustadt b. Coburg je drei usf. Damit gelang es den Hitler-Anhängern in Franken, einen Teil ihres politischen Gewichts aus den Jahren 1923/24 in die schwierige Phase des Neubeginns der Partei hinüberzuretten.

Nach der Wiedergründung der NSDAP am 27. Februar 1925 zählte Streicher zu den wenigen NS-Führern, die sich nicht nur zu Hitler bekannten – das taten sie schließlich alle –, sondern sich diesem vorbehaltlos unterstellten; in überzogenem Pathos schwor er: *„Treue um Treue bis in den Tod"*[16]. In Franken lebten – die Neugründung antizipierend oder nahezu zeitgleich – zahlreiche NS-Ortsgruppen sofort wieder auf. Die der allerersten Stunde: Nürnberg, Fürth, Ansbach, Erlangen, Bayreuth, Bamberg, Hersbruck, Coburg, Hof und Kronach. Trotz einer verbreiteten innerparteilichen Opposition gegen Streicher entwickelte sich Franken dennoch rasch zum unbestritten besten Parteigau. Das bezeugten nicht nur einhellig tonangebende Nationalsozialisten, sondern auch polizeiliche Überwachungsberichte. Hitler selbst sah in Nürnberg den *„künftigen Kampfort"*, *„um die Bewegung weiter und ersprießlicher* *ausbauen zu können*"[17]. Während seines Redeverbots traf er hier stets auf riesige Hörerscharen; aus Franken, aus den dort erhobenen Mitgliedsbeiträgen und Eintrittsgeldern für ihre Versammlungen stammten 1925/26 die Haupteinnahmen der Partei. Träger des Goldenen Parteiabzeichens waren nach 1933 in Mittel- und Oberfranken so zahlreich wie sonst nirgends im Reich ... ein Hinweis auf diese politische Landschaft als früher NS-Schwerpunkt. Reichsschatzmeister Schwarz sah 1927 in Nürnberg und seinem Umland *das nationalsozialistische Zentrum des Reichs*[18].

Franken erschien Hitler daher geeignet, um hier einen schwelenden Konflikt zu seinen Gunsten zu entscheiden, nämlich den zwischen Süd- und Norddeutschland, zwischen dem Münchner Parteiflügel (um Hitler, Streicher und Esser) sowie der ‚Arbeitsgemeinschaft Nord-West' der nord- und westdeutschen Gauleiter (um Gregor Strasser und seinen Mitarbeiter Joseph Goebbels). Letztere propagierte einen antikapitalistischen Linkskurs. Mit der Ortswahl Bamberg für das Treffen von rund 65 Parteiführern kam Hitler den Kontrahenten um Strasser geographisch scheinbar weit entgegen, aber nur scheinbar. Denn der Kampfplatz lag in einer Region, wo Hitler über seinen stärksten Rückhalt verfügte, wo er mit einer Mehrzahl ihm höriger Führer rechnen konnte, und zudem in einer Stadt mit einer mitgliederstarken, hitlertreuen Ortsgruppe. Der VÖLKISCHE BEOBACHTER betonte: *Bamberg ist der Sitz einer unserer wirksamsten Ortsgruppen in Nordbayern.*[19] Die Demonstration von Hitlers auf Franken gegründeter Parteimacht verfehlte ihren Eindruck nicht. Mit einer fünfstündigen Rede im Gasthaus „Stöhren" wurden die nordwestdeutschen Gauleiter zudem glatt überfahren. Strasser dagegen sprach *stockend, zitternd, ungeschickt*[20]; seinem Linkskurs vermochte er keine Geltung zu verschaffen; Goebbels wechselte darauf die Seiten und wurde mit der Gauleitung Berlin-Brandenburg entlohnt. Einmal mehr hatte Franken seine Brückenfunktion für Hitler und die NSDAP unter Beweis gestellt.

Das bisher skizzierte Bild der fränkischen NSDAP gilt es allerdings zu relativieren. Zwar war die fränkische Hitler-Bewegung innerhalb der NSDAP eine mächtige Gruppierung, doch die NSDAP selbst war keine mächtige Partei. Ganz im Gegenteil, sie – und das gilt auch für die fränkische – war während der kurzen wirtschaftlichen Erholung der Weimarer Republik in der zweiten Hälfte der zwanziger Jahre bis 1928 nichts weiter als eine Splittergruppe, eine letztlich vernachlässigenswerte politische Größe. Zeitweilig sprach die Polizeidirektion Nürnberg-Fürth von einem „*Herabsinken der NSDAP zur Bedeutungslosigkeit*"[21]. 1926/27 blieb der Versammlungsbesuch nicht selten hinter den Erwartungen zurück; ganze Ortsgruppen mussten wegen schlechter Zahlungsmoral und Interesselosigkeit aufgelöst werden. Nur innerhalb der NSDAP, nicht jedoch im politischen Gesamtspektrum kam der fränkischen Hitler-Bewegung die beschriebene Bedeutung zu.

In dieser Situation setzte die NS-Partei auch in Franken rundweg auf Hitlers Maxime: *„Ganz gleich, ... ob sie uns als Hanswürste oder Verbrecher hinstellen; die Hauptsache ist, ... dass sie sich immer wieder mit uns beschäftigen."*[22] Ein Podium, um Aufmerksamkeit zu erregen, lieferten die Parlamente, der Reichstag, die Landtage und Stadträte. Hier machten die Nationalsozialisten mit bisher nichtgekannter Radaupolitik, mit Agitationsanträgen und Obstruktionsverhalten von sich reden – auch und gerade in Franken. Dabei tat sich Streicher als Landtagsabgeordneter und Stadtrat mit seinem reichsweit wahrgenommenen, perfid geführten Kampf gegen Oberbürgermeister Dr. Luppe (DDP) hervor. Er wirkte stilbildend für NS-Stadträte. Streicher bekannte offen: *„Würde der Erfolg zeigen, daß wir durch Radau machen die Macht ergreifen könnten, so würden wir ... so lange Radau machen, bis der Sieg unser ist."*[23] Das Nürnberger Vorbild wurde zeitweilig noch von Bayreuth in der Radikalität übertroffen, wo die NS-Fraktion Tumulte im Stadtrat bis zu Schlägereien mit mehreren Verletzten steigerte. Dennoch, für zwei Jahre war der Stadtrat in Nürnberg Experimentierfeld der NSDAP, um auf der lokalen Ebene (propagandistisch besonders wirksam) die angebliche Schwäche des Parlamentarismus zu beweisen. Danach verlor Nürnberg seine kommunalpolitische Führungsrolle an München – und an Coburg, das geradezu Modellfall der Machtergreifung wurde.

Zugleich legten die Nationalsozialisten besonderen Nachdruck auf den systematischen organisatorischen Auf- und Ausbau der Partei, unabhängig von Größe und Bedeutung der jeweiligen Gliederung; er sollte ein Auseinanderlaufen der einmal gewonnenen Parteigenossen verhindern; sie an die Bewegung binden. Nur mit Hilfe der bereits bestehenden Parteikader ließ sich später – etwa ab 1929/30 – der ungestüme Mitgliederzustrom in die NSDAP eingliedern. Das Rückgrat bildete hierbei zumeist deren männerbündischer Wehrverband, die SA. Offiziell hatte sie Parteiversammlungen zu schützen und Propagandamärsche durchzuführen. Doch allen Legalitätsbeteuerungen zum Trotz sollte sie zugleich ‚die Straße erobern', die Aktionsmöglichkeiten der politischen Gegner rücksichtslos unterbinden. Die Folge: eine zunehmende Gewaltbereitschaft, eine Brutalisierung der Auseinandersetzungen mit Andersgesinnten; mancherorts kursierten 1932 Proskriptionslisten der NSDAP. Überfälle auf parteipolitische Gegner, Versammlungssprengungen und Saalschlachten waren an der Tagesordnung, eine besonders heftige in Schney bei Lichtenfels 1929. Anschaulich schilderte der Bezirksamtsbericht, wie *„sich die SA (Coburg) als eine im Saalkampf ausgebildete Truppe gezeigt habe. Sie ging Mann an Mann vor, indem sie mit der einen Hand zum eigenen Schutze Stühle und Tische vorhielt und mit der anderen Hand kämpfte."*[24]

Trotz der Heroisierung der üblen politischen Schlägereien illustriert das Propagandagemälde recht gut u. a. die Saalschlacht in Schney (Lkr. Lichtenfels); Original farbig.

Das fränkische Coburg, das sich 1920 nach einer Volksabstimmung Bayern angeschlossen hatte, war, wie es in einem Buchtitel heißt, *The first Nazi-Town*[25], d. h. die erste Stadt im Deutschen Reich mit nationalsozialistischer Stadtratsmehrheit. Diese erkämpfte sich die NSDAP unter dem städtischen Maschinenmeister Franz Schwede im Sommer 1929 über einen Volksentscheid. Da jedoch die beiden Bürgermeister ebenfalls Stimmrecht besaßen, reichten die 13 Mandate noch nicht zum absoluten Regiment. Zermürbungstaktiken gegen deutschnationale Stadträte und gegen die Bürgermeister, Intrigen, Drohungen und nicht eingehaltene Zusagen brachten schließlich das gewünschte Ergebnis; Schwede konnte im August 1930 zum Dritten und im Oktober 1931 schließlich zum Ersten Bürgermeister gewählt werden. Wie später auf Reichsebene erwies sich die DNVP auch in Coburg als Steigbügelhalter für die örtliche Machtergreifung. Gemäß den Forde-

Die NS-Stadtratsfraktion in Coburg, der ersten Stadt im Deutschen Reich mit einer NSDAP-Stadtratsmehrheit, Juni 1929; in der Mitte der 1. Reihe der spätere Erste Bürgermeister Franz Schwede.

rungen, die Hitler zuvor für die Regierungsbildung in Thüringen aufgestellt hatte, schalteten die Nationalsozialisten als Erstes die städtische Polizei und dann das Schulwesen gleich. Die Macht über die Polizei, Inbegriff der Exekutive, bot noch vor 1933 – trotz staatlicher Gegenmaßnahmen – die Voraussetzung für eine weitgehende nationalsozialistische Parteidiktatur in Coburg. Mit der Schulaufsicht bemächtigte sich die NSDAP dagegen der Jugend, d. h. der künftigen Generation. Der konservative Bezirksamtmann

Bereits während der Weimarer Republik nutzten die Coburger Nationalsozialisten die neu gewonnene Macht, um am Rathaus, also an einem öffentlichen Gebäude, am 18. Januar 1931 ihre Parteifahne, die Hakenkreuz-Flagge, zu hissen.

urteilte: „*Die Nationalsozialisten fühlen sich hier vollkommen als die Herren und Gebieter der Lage und verlangen, daß alles übrige, wenn sie es wünschen, mundtot gemacht wird.*"[26] Einige Beispiele für das NS-Regiment: 1931 Beflaggung des Rathauses mit dem Hakenkreuz und wenig später erstmals im Reich Verleihung des Ehrenbürgerrechts an Hitler; 1932 Ausschluss jüdischer Mitbürger von den öffentlichen Bädern. Ganze Wahlkämpfe bestritten die Nationalsozialisten hinfort mit ihren angeblichen kommunalpolitischen Erfolgen in Coburg: der Umsetzung früherer Agitationsanträge zugunsten des Besitzbürgertums, einem scheinbar ausgeglichenen Haushalt (obwohl die Stadt vor 1933 beständig unter Zwangsverwaltung der Kreisregierung stand) oder der Einführung eines ‚freiwilligen' Arbeitsdienstes, besser einer faktischen Arbeitsdienstpflicht. Nach 1922 hatte Coburg ein zweites Mal NS-Geschichte geschrieben, die Brücke Franken einmal mehr ihre Tragfähigkeit bewiesen.

Während der sog. ‚Kampfzeit' genügte es für die Nationalsozialisten in Mittel- und Oberfranken, sich auf ihre ‚nationale' Gesinnung zu berufen, um des besonderen Wohlwollens einer meist deutschnational eingestellten Verwaltung und Justiz sicher zu sein. Und jene wussten das zu nutzen. Dazu zählte sicher Hitlers Entschluss, 1927 den dritten Reichsparteitag der NSDAP nicht in

Massenbeteiligung am Reichsparteitag der NSDAP am 3./4. August 1929 auf dem Nürnberger Hauptmarkt.

München (was nahegelegen hätte), sondern in Nürnberg abzuhalten. Vieles sprach für die Ortswahl: die zentrale Verkehrslage, die Aura einer alten Reichsstadt und dort stattgefundener Reichstage, der treue Gefolgsmann Streicher, die zahlreichen Parteigenossen in Franken, eine schlagkräftige fränkische Parteiorganisation sowie geeignete, beim Deutschen Tag 1923 erprobte Versammlungsstätten. Den Ausschlag aber dürfte die demonstrativ nachsichtige Haltung der Polizeidirektion Nürnberg-Fürth gegenüber der NS-Bewegung gegeben haben. Nicht zuletzt aus diesem Grund schien Nürnberg für das jährliche Parteitreffen ideal geeignet. Selbst wenn die Zahl der Teilnehmer hinter den Erwartungen zurückgeblieben war, so zog Hitler seither offenbar nie eine andere Stadt für die Abhaltung der Reichsparteitage in Betracht. Nach dem 1928 ausgefallenen Parteitag arbeitete er für den von 1929 akribisch auf einen Propagandaerfolg hin. Und den erzielte er

Abendausgabe
Nr. 360 B 179 46. Jahrgang

Sonnabend
3. August 1929
10 Pfennig

Vorwärts

Berliner Volksblatt

Zentralorgan der Sozialdemokratischen Partei Deutschlands

Vorwärts-Verlag G. m. b. H.

Terror der Hakenkreuzler.

Nürnberger Parteitag beginnt mit Ueberfällen. / Das erste Todesopfer

Haupttitel der Abendausgabe des sozialdemokratischen VORWÄRTS vom 3. August 1929: "Terror der Hakenkreuzler. Nürnberger Parteitag beginnt mit Überfällen. Das erste Todesopfer".

bei den braven Bürgern, obwohl von Nationalsozialisten provozierte blutige Schlägereien und Schusswechsel mit linken Gegnern das Treffen überschatteten. Zu beklagen waren zwei Tote und zahlreiche Verletzte. Jetzt bewährte sich die Ortswahl; die *„gute Polizeileitung"*[27] (so ein SA-Befehl) erwies sich, wie erwartet, parteiisch zugunsten der NSDAP. Kein Hitler-Anhänger, wohl aber eine große Zahl von Sozialisten und Kommunisten wurde verhaftet. Die Nürnberger Ereignisse illustrierten exemplarisch Hitlers Doppelstrategie: offiziell erklärte Legalität und faktisch betriebener Terror. 1930 und 1931 verhinderte der Nürnberger Stadtrat weitere Parteitage.

Politische Karikatur zum Kontrast zwischen der von Hitler beschworenen Legalität und dem von der SA ausgeübten Terror.

Nicht erst nach den aufsehenerregenden Erfolgen in Coburg und Nürnberg verspürte die NSDAP 1929 Aufwind. Die Brücke Franken wurde zunehmend belastbarer. Zwei Gesellschaftsgruppen, die unterschiedlicher kaum sein konnten, förderten den Trend gleichzeitig und unabhängig voneinander: Bauern und Studenten. Ohne sich von immer neuen Misserfolgen entmutigen zu lassen, hatten die Nationalsozialisten – Jahre bevor sie dies reichsweit taten – ihre Propaganda beständig auch auf die fränkischen Dörfer getragen. Trotzdem profitierten von der permanent schlechten Lage der Landwirtschaft in den zwanziger Jahren zunächst nur die DNVP und der Landbund. Bereits 1928/29 aber – gleichfalls vor dem entsprechenden Umschwung im Reich – wandten sich die fränkischen Bauern für alle sichtbar in hellen Scharen der radikaleren Bewegung zu. Die NSDAP war nicht länger auf die Städte beschränkt.

Aber auch dort konnte die NSDAP neue – nunmehr sogen. bessere – Gesellschaftskreise für sich gewinnen. Das begann damit, dass es dem Nationalsozialistischen Deutschen Studentenbund (NSDStB) ebenfalls 1929 gelang, an der Universität Erlangen, der einzigen Hochschule in Mittel- und Oberfranken, die große Mehrheit der vorwiegend fränkischen Studierenden (70 %) für sich zu gewinnen. Dieser ‚Machtübernahme' hatte der extrem völkisch-nationalistische ‚Hochschulring Deutscher Art' ungewollt vorgearbeitet. Dem Nationalsozialistischen Studentenbund ging es nicht um Mitarbeit in der Hochschulverwaltung; er strebte vornehmlich Ziele außerhalb des akademischen Bereichs an: Wehrsport und obligatorischen Arbeitsdienst. Die Universität Erlangen war die erste deutsche Hochschule, an der sich der Nationalsozialismus durchzusetzen vermochte. Die Signalwirkung auf Akademiker in führenden Stellungen draußen im Lande, also auf Ärzte, evangelische Pfarrer, Gymnasiallehrer, Richter, Staatsanwälte und höhere Verwaltungsbeamte, kann nicht hoch genug eingeschätzt werden; die NSDAP wurde – ungeachtet des propagierten und betriebenen Terrors und ihres Antisemitismus' – gesellschaftsfähig.

Einbruch der NSDAP in die dörfliche Welt. SA-Propagandamarsch mit Blaskapelle in Meinheim (Lkr. Weißenburg-Gunzenhausen).

Das zahlte sich seit 1928 bei den immer rascher aufeinander folgenden Wahlen im Reich und in den Ländern aus, einem wahren Wahlmarathon, der bis zur Bestätigung der NS-Machtübernahme durch den Wähler am 5. März 1933 andauern sollte. Innerhalb von knapp fünf Jahren vermehrten sich bei den Reichstagswahlen die NS-Stimmen in Mittelfranken von 9 % auf 52 % und in Oberfranken von 11 % auf 49 %. Zu Beginn des vorgenannten ‚Wahlmarathons' – 1928 – lag der Reichswahlkreis 26 (Franken) mit einem Ergebnis von 8,1 % für die NSDAP mit weitem Abstand an der ersten Stelle im ganzen Reich (dort 2,6 %); Oberfranken erzielte sogar 10,8 %, Mittelfranken 9,1 %. Zu erklären sind diese Erfolge der

Hitler-Bewegung über drei Faktoren, die vor 1933 hier wie reichsweit den Ausschlag gaben:

1. die durch die Weltwirtschaftskrise ausgelöste politische Destabilisierung,

2. eine dominierende mittelständische Sozialschicht wie idealtypisch im mittel- und kleinbäuerlichen bzw. in den Städten kleinbürgerlichen Westmittelfranken vorhanden und

3. eine homogene evangelische Bevölkerung mit ihren nationalprotestantischen und kulturkämpferischen Traditionen.

Trafen alle drei Faktoren zusammen, so konnte die NSDAP 1932 zeitweise Ergebnisse von über 80 bis knapp 90 % der Stimmen erzielen. Das erklärt einerseits derartige Resultate im westlichen Mittelfranken wie andererseits wegen des höheren Arbeiter- und Katholikenanteils geringfügig schlechtere in Oberfranken.

Neben dem ‚Frankenführer' Streicher, dem Hitler 1925 die Organisationsgewalt über ganz Franken übertragen hatte, schob sich in Oberfranken seit 1926 in der fränkischen NSDAP ein weiterer Lehrer in den Vordergrund, Hans Schemm. Streicher, wegen seiner höchst umstrittenen Person permanent mit einer starken innerparteilichen Opposition konfrontiert, gebot parteioffiziell 1928/29 kurzfristig nur noch über die Nürnberger Ortsgruppe. Schemm dagegen konnte von 1925 an seinen Machtbereich von Bayreuth aus kontinuierlich ausbauen und bis 1933 den Erstgenannten weit überflügeln. 1928 wurde er Gauleiter von Oberfranken, mit Jahresbeginn 1933 Gauleiter der Bayerischen Ostmark (hervorgegangen aus der Zusammenlegung der Gaue Oberfranken und Niederbayern-Oberpfalz), nach der Machtergreifung dann zusätzlich bayerischer Kultusminister. Dafür hatte er sich innerparteilich durch die Organisation der Lehrerschaft im Nationalsozialistischen Lehrerbund (dem NSLB, gegr. 1929) empfohlen. Er stellte der antisemitischen Hetze nach Streichers Vorbild bald eine neue Propagandavariante zur Seite, nämlich die gegen den Bolschewismus und die Gottlosenbewegung unter dem Vorzeichen eines dezidiert protestantischen Konfessionalismus (während die Partei im Großen eine überkonfessionelle Volksgemeinschaft propagierte). Laut polizeilichem Urteil sprach er nicht selten wie ein Pastor; d. h. Schemm versuchte, die NSDAP in Oberfranken als christlich-protestantische Weltanschauungspartei zu etablieren, als Gegengewicht zur katholischen BVP. In der NS-Bewegung kam Schemm außerdem der Symbolwert seiner Gauhauptstadt Bayreuth zugute. Hitler führte seine leidenschaftliche Verehrung der Opern Richard Wagners mit ihren Stoffen aus der germanischen und einer idealisierten mittelalterlichen Welt häufig in die Festspielstadt, wie auch die freundschaftlichen Kontakte zum Hause Wahnfried.

Nicht vergessen sei, dass hier im Bayreuther Kreis um Richard Wagner und seinen Clan noch vor der Jahrhundertwende der völkische Gedanke ideologisch ausgeformt worden war und einer der Beteiligten, ein Schwiegersohn Wagners, der antisemitische Kulturphilosoph Houston Stewart Chamberlain, Hitler 1923 in Bayreuth weihevoll zum ‚Führer' gekürt hatte. Etwas von dieser Aura kam zweifellos auch Schemm zugute. Die NSDAP wiederum hatte es vor allem Hans Schemm zu danken, wenn sich Oberfranken hinsichtlich Organisation und Finanzen als NS-Mustergau entwickelte, wenn hier das Verhältnis zwischen politischer Organisation und SA intakt war und die Führerschaft in seltener Geschlossenheit agierte. Für Hitler stellte der Gau Oberfranken somit während der Parteikrise an der Jahreswende 1932/33, als es für die NSDAP um alles oder nichts ging, eine solide Machtbasis dar. Dadurch konnte Franken seine Brückenfunktion weiterhin wahrnehmen.

Der oberfränkische Gauleiter und Gründer des NS-Lehrerbundes Hans Schemm (1891–1935) als Agitator.

Denn ganz anders lagen die Verhältnisse seinerzeit in Mittelfranken. Hier stellte die einst verbindende Brücke erneut eine ernst zu nehmende Blockade für die Machtübernahme dar. In Mittelfranken nämlich war die NSDAP Ende 1932, Anfang 1933 zerfallen; und der Spaltpilz drohte, auf andere Regionen überzugreifen: auf Baden, auf das Ruhrgebiet, den Niederrhein und Sachsen-Anhalt. Die sozialdemokratische FRÄNKISCHE TAGESPOST frohlockte etwas voreilig: *„Die Auflösung beginnt."*[28] Denn aus dem Konflikt hätte ohne weiteres eine allgemeine Erhebung der SA gegen die Parteispitze erwachsen können.

Ursache für die Auflösung der NSDAP in Nürnberg und in ganz Mittelfranken waren vordergründig Auseinandersetzungen in Befehls- und Finanzfragen zwischen dem charakterlich fragwürdigen Gauleiter Streicher und dem charismatischen SA-Gruppenführer für Franken, Wilhelm Stegmann. Dahinter stand jedoch der bis zum sogen. Röhm-Putsch ungeklärte Dualismus zwischen

Der SA-Gruppenführer Franken Wilhelm Stegmann (1899–1944).

politischer Organisation und SA. In der SA steigerten sich stets virulente antikapitalistische und revolutionäre Tendenzen, je ferner die Machtergreifung zu rücken schien. Mit Stegmann „meuterten" nahezu geschlossen die ganze mittelfränkische SA und etliche Ortsgruppen; sie organisierten sich neu in einem parteiunabhängigen, gleichwohl hitlertreuen (!) ‚Freikorps Franken'. Massenweise erklärten Parteigenossen ihren Austritt aus der NSDAP.

Allein die gerade noch rechtzeitig erfolgte Betrauung Hitlers mit der Kanzlerschaft bewahrte die Partei in Mittelfranken vor der völligen Auflösung und den Konsequenzen, die daraus für die Gesamtpartei hätten erwachsen können.

Doch als Fazit bleibt: Mittel- und Oberfranken waren für die frühe NSDAP – wie vielfach betont – von ausschlaggebender Bedeutung. Hier lag nach der Neugründung zeitweise *das* beherrschende Bollwerk der Bewegung. In dieser zentral gelegenen politischen Landschaft, die sich in mehrfacher Hinsicht als Experimentierfeld bewährte, errang sie entscheidende Erfolge; erst diese boten ihr die Voraussetzung, um auch im übrigen Reich an die Spitze zu gelangen. Streicher fasste all das in seiner Devise kurz und bündig zusammen: *Franken voran!*[29]

Und doch gilt es zum Schluss, die Rolle der fränkischen NSDAP innerhalb der Gesamtpartei zu relativieren:

- Da wäre einmal der Hinweis auf die Ironie der Geschichte: Während nämlich in den schwierigen Zeiten des Aufstiegs aus der Bedeutungslosigkeit sich Franken als stabiler Brückenkopf für die reichsweite Expansion der NSDAP erwiesen hatte, wankte er empfindlich gerade dann, als die Partei in Berlin nach der Macht griff.
- Aus der Analyse der Reichstagswahlen zwischen 1928 und 1933 ergibt sich ein zweiter, derartiger Hinweis. Denn während der Wahlkreis Franken 1928 mit seinen NS-Stimmen – wie erwähnt! – unangefochten an erster Stelle unter den 35 Reichs-

wahlkreisen lag, rutschte er 1930 auf die 12. und schließlich bei den folgenden Wahlen meist auf die 17. Stelle ab, also ins wenig spektakuläre Mittelfeld. Selbst die NS-Hochburg Mittelfranken hätte mit ihren extremen Spitzenergebnissen unter den Reichswahlkreisen 1930 nur noch die 5. Stelle besetzt, bei den zwei Reichstagswahlen von 1932 die 6. und 7. sowie 1933 schließlich die 8. Stelle. Bei aller berechtigten Betonung der Rolle Frankens für den Aufstieg der NSDAP und deren Ausgreifen in Richtung Berlin darf man eines nicht übersehen, nämlich: Die Bedeutung Frankens für die Gesamtpartei nahm kontinuierlich ab, je mehr Zuspruch die NSDAP im übrigen Reich erhielt.

Der Konflikt zwischen Streicher und Stegmann führte dazu, dass ein Großteil der mittelfränkischen SA sich zwar weiterhin nominell zu Hitler bekannte, aber sich als „Freikorps Franken" von der NSDAP unabhängig erklärte.

Und doch bleibt das Thema von beklemmender Aktualität. Kaum ein Tag vergeht, an dem in der Presse nicht von rechtsradikalen Ausschreitungen bis hin zu entsprechend motivierten Brandstiftungen und Morden – auch in Franken – die Rede ist. Erinnert sei dazu an die ‚braunen' Aufmärsche in Wunsiedel und Gräfenberg sowie diverse sogen. Nationale Frankentage!

Noch immer – oder schon wieder? – gilt daher die Mahnung Bertolt Brechts in seinem Parabelstück über die Machtergreifung *Der (aufhaltsame) Aufstieg des Arturo Ui: Daß keiner uns zu früh da triumphiert – Der Schoß ist fruchtbar noch, aus dem das kroch!* [30]

Es wäre hinzuzusetzen: Gerade in Franken!

NS-Wahlergebnisse 1924-1933 (zusammengestellt von R. Hambrecht)

Wahlen	Reich	Bayern	Franken	Oberfranken	Mittelfranken	Unterfranken
RTW = Reichstagswahl RPW = Reichspräsidentenw. LTW = Landtagswahl	%	%	(Reichswahlkreis 26) %	%	%	%
LTW v. 06.04.1924 Völkischer Block		17,1		**26,4**	25,4	9,1
RTW v. 04.05.1924 Völkischer Block	6,6	16,0	20,7	24,5	**24,8**	10,1
RTW v. 07.12.1924 Völkischer Block	3,0	5,1	7,5	**9,3**	9,1	3,2
RPW v. 29.03.1925 Stimmen für Erich Ludendorff	0,7	3,2	3,4	3,9	**4,1**	1,8
RPW v. 26.04.1925 Kein eigener Kandidat, Unterstützung Hindenburgs						
RTW v. 20.05.1928	2,6	6,4	8,1	**10,8**	9,1	3,7
LTW v. 20.05.1928		6,4		**10,3**	8,8	3,5
RTW v. 14.09.1930	18,3	17,9	20,5	**23,9**	23,8	12,3
RPW v. 13.03.1932 Stimmen für Adolf Hitler	30,1	29,9	36,6	40,0	**43,5**	22,8
RPW v. 10.04.1932 Stimmen für Adolf Hitler	36,8	32,3	41,2	45,4	**48,9**	25,6
LTW v. 24.04.1932		32,5	39,2	44,2	**45,6**	25,0
RTW v. 31.07.1932	37,4	32,9	39,9	44,4	**47,7**	23,7
RTW v. 06.11.1932	33,1	30,5	36,4	41,3	**42,3**	22,6
RTW v. 05.03.1933	43,9	43,1	45,7	48,7	**51,6**	33,9

Anmerkungen

[1] Geringfügig geänderte Fassung eines mehrfach gehaltenen Vortrags – im Dokumentationszentrum Reichsparteitagsgelände (Nürnberg) am 24. 4. 2006, vor dem Historischen Verein Bamberg am 8. 4. 2011, im Arnold-Gymnasium in Neustadt b. Coburg am 6. 2. 2013 und vor dem CHW (Collogium Historicum Wirsbergense) Lichtenfels am 14. 1. 2015. Die Ausführungen basieren im Wesentlichen (weshalb mit Ausnahme wörtlicher Zitate auf Einzelnachweise verzichtet wird) auf: Rainer

Hambrecht, Der Aufstieg der NSDAP in Mittel- und Oberfranken 1925-1933 (Nürnberger Werkstücke zur Stadt- und Landesgeschichte Bd. 17), Nürnberg 1976. (Unter dem Titel „Die braune Bastion. Der Aufstieg der NSDAP in Mittel- und Oberfranken (1922-1933)" wird voraussichtlich 2017 eine reich bebilderte Neuauflage durch das Dokumentationszentrum Reichsparteitagsgelände erscheinen.) – Und daneben u. a. auf: Manfred Franze, Die Erlanger Studentenschaft von 1918-1945 (Darstellungen aus der fränkischen Geschichte, Bd. 30), Würzburg 1972. – Manfred Kittel, Provinz zwischen Reich und Republik. Politische Mentalitäten in Deutschland und Frankreich 1818-1933/1936, München 2000. – Thomas Greif, Frankens braune Wallfahrt. Der Hesselberg im Dritten Reich (Mittelfränkische Studien, Bd. 18), Ansbach 2007. – Thomas Friedrich, Die missbrauchte Hauptstadt. Hitler und Berlin, Berlin 2007.

[2] Otto Dietrich, Mit Hitler in die Macht. Persönliche Erlebnisse mit meinem Führer, München 1934, S. 51, 53 f. – Vgl. auch: Joseph Goebbels, Vom Kaiserhof zur Reichskanzlei, München 1934, S. 91.

[3] Bundesarchiv Koblenz, Nachlass Streicher 124.

[4] U. a. Heinz Preiß (Hrsg. u. Bearb.), Adolf Hitler in Franken. Reden aus der Kampfzeit (Nürnberg 1939), S. 5. – Philipp Bouhler, Kampf um Deutschland. Ein Lesebuch für die deutsche Jugend, Berlin 1939, S. 87. – Hambrecht, Aufstieg (wie Anm. 1), S. 404. – Zum Thema „Die ´Brücke Franken´. Vom Braunen Haus zur Reichskanzlei" fand vom 17. 3.–12. 11. 2006 im Dokumentationszentrum Reichsparteitagsgelände (Nürnberg) eine Ausstellung statt.

[5] „Vaterländisch" und „völkisch" wurden weitgehend als Synonyme gebraucht (Cornelia Schmitz-Berning, Vokabular des Nationalsozialismus, Berlin 2000, S. 624 u. 645 ff.): „National mit Betonung der in Rasse und Volkstum liegenden Werte" (nach Volks-Brockhaus 1940). Durch die Verknüpfung mit dem Rassenbegriff bedeuten sie zugleich antisemitisch.

[6] Rede auf einer NSDAP-Versammlung in München (Zirkus Krone), 30. 10. 1923, zit. nach: Thomas Friedrich, Die missbrauchte Hauptstadt. Hitler und Berlin, Berlin 2007, S. 76. – Ebenso: Ernst Röhm, Die Geschichte eines Hochverräters, München[9] 1934, S. 229.

[7] Streicher an Hitler, 8. 10. 1922 (Fotokopie), Staatsarchiv Nürnberg, Polizeipräsidium Nürnberg-Fürth 541.

[8] Lagebericht der Polizeidirektion Nürnberg-Fürth, 22. 12. 1922, Staatsarchiv Nürnberg, Polizeipräsidium Nürnberg-Fürth 339.

[9] Adolf Hitler, Mein Kampf. Eine kritische Edition, hrsg. v. Christian Hartmann u. a., München – Berlin 2016, S. 1383 (im Original: 2. Bd., München 1926, S.196).

[10] Richard Suchenwirth, Deutsche Geschichte, Leipzig 1941, S. 600. – Vgl. Hitler, Kampf, (wie Anm. 8), S. 1389, 1395 (im Original: 2. Bd., München 1926, S. 198, 200).

[11] Martin an Lammers, 6. 1. 1936, Bundesarchiv Koblenz, R 43 II, 391.

[12] Werner Maser, Die Frühgeschichte der NSDAP. Hitlers Weg bis 1924, Frankfurt a. M. – Bonn 1965, S. 454. – Ian Kershaw, Hitler 1889-1936, München 2013, S. 263.
[13] „Erklärung. Ich, Adolf Hitler, lege die Aufgabe des Parteivorsitzenden in die Hände des Führers der fränkischen Bewegung Julius Streicher." Schreiben Hitlers an Streicher v. 8. 11. 1923, zit. nach: Eberhard Jäckel (Hrsg.), Hitler. Sämtliche Aufzeichnungen 1905-1924, Stuttgart 1980, S. 1057 f.
[14] Lagebericht des Generalstaatskommissars, 18. 12. 1923, Staatsarchiv Nürnberg, Gunzenhausen 4230.
[15] Bei der Landtagswahl vom 6.4.1924 kamen 8 der 23 Mandatsträger aus Mittel- und Oberfranken – Julius Streicher, dessen Gefolgsmann, der Mechaniker Georg Wiesenbacher, der ehemalige Scheinfelder NS-Ortgruppenleiter Wilhelm Holzwarth, der Ansbacher Landgerichtsrat Theodor Dörfler, der ehemalige Ortsgruppenleiter von Bayreuth Emil Löw, der Schlosser Georg Zipfel aus Kronach, der Coburger Führer des Jungdeutschen Ordens, der evangelische Pfarrer Hellmut Johnson und der ehemalige Münchner Polizeipräsident Dr. Ernst Pöhner.
[16] Lagebericht der Polizeidirektion München 25, 2.3.1925, Staatsarchiv München, Polizeidirektion 6779.
[17] Polizeibericht, 27. 3. 1925, Staatsarchiv Nürnberg, Polizeipräsidium Nürnberg-Fürth 542. – Bericht der Polizeidirektion Nürnberg-Fürth, 3. 3. 1925, Staatsarchiv Nürnberg, Rep. 503 IV, 99.
[18] Zit. nach: Egon Fein, Hitlers Weg nach Nürnberg, Nürnberg 2002, S. 153.
[19] VÖLKISCHER BEOBACHTER, 46, 25. 2. 1926.
[20] Helmut Heiber (Hrsg.), Das Tagebuch von Joseph Goebbels 1925/26 (Schriftenreihe der Vierteljahrshefte für Zeitgeschichte 1), Stuttgart o. J., S. 60.
[21] Lagebericht der Polizeidirektion Nürnberg-Fürth vom 23. 10. 1925, Staatsarchiv Nürnberg, Polizeipräsidium Nürnberg-Fürth 342.
[22] Hitler Kampf (wie Anm. 8), S. 1229 (im Original: 2. Bd., S.129).
[23] STÜRMER, 6, 1927.
[24] Lagebericht des Bezirksamts Lichtenfels vom 1. 10. 1929, Staatsarchiv Bamberg, K 3 (1967), 4861 und Bayerisches Hauptstaatsarchiv, Abt. II, MInn 81582.
[25] Nicolas F. Hayward / Dave S. Morris, The first Nazi-Town, Avebury 1988.
[26] Halbmonatsbericht des Bezirksamts Coburg, 16. 2. 1931, Staatsarchiv Bamberg, K3 Präsidialregistratur, 1884.
[27] SABE (= SA-Befehl), 20. 8. 1919, Bundesarchiv Koblenz, N S 26, 304 (Abschrift auch in: Staatsarchiv München, Polizeidirektion 6815).
[28] FRÄNKISCHE TAGESPOST, 9, 11.1.1933.
[29] Fein, Hitlers Weg (wie Anm. 17), S. 96.

[30] Bertolt Brecht, Werke, Stücke 7, Frankfurt a. M. 1991, S. 112. – Die letzten vier Zeilen des Epilogs wurden mit geringen Abweichungen aus dem Schluss der Kriegsfibel (1955) übernommen: „Ich wollte, daß ihr nicht schon triumphiert: / Der Schoß ist fruchtbar noch, aus dem das kroch."

Abbildungsnachweis:

S. 9: Cigaretten-Bilderdienst, Adolf Hitler, Hamburg-Bahrenfeld 1936, S. 15
S. 10: Bayerische Staatsbibliothek, Fotoarchiv Hoffmann (hoff-3794)
S. 12: Diagramm R. Hambrecht
S. 16: Staatsarchiv Nürnberg, Polizeidirektion Nürnberg-Fürth 945
S. 17o: Dokumentationszentrum, Photodatenbank (DZ-Ph 700)
S. 17u: Bayerische Staatsbibliothek, Fotoarchiv Hoffmann (hoff-6327)
S. 18: Dokumentationszentrum, Photodatenbank (DZ-Ph 812.1) und Berlin Document Center (640001 1 707)
S. 20: Staatsarchiv München (früher: AStam, S I, 1491); veröffentlicht auch bei Cigaretten-Bilderdienst, Deutschland erwacht, Hamburg-Bahrenfeld 1933, S. 26 [ohne Hinweis auf Streicher]. – Joachim Fest, Hitler, S. 270. – Konrad Heiden, Hitler Bd.1, S. 188
S. 21: Robert Fritzsch, Nürnberg unterm Hakenkreuz, Düsseldorf 1983, S. 12
S. 22: Bayerische Staatsbibliothek, Fotoarchiv Hoffmann (hoff-6942)
S. 25: Cigaretten-Bilderdienst, Deutschland erwacht, Hamburg-Bahrenfeld 1933, zwischen S. 56 und 57
S. 26: Stadtarchiv Coburg; Dokumentationszentrum, Photodatenbank (D 123.1)
S. 27: Stadtarchiv Coburg; Dokumentationszentrum, Photodatenbank (D 123.1)
S. 28o: Dokumentationszentrum, Photodatenbank (Stegmann-Album, SA 26)
S. 28u: Dokumentationszentrum, Photodatenbank (DZ-Ph 905.1)
S. 29: Bayerische Staatsbibliothek, Fotoarchiv Hoffmann (hoff-2084)
S. 30: Dokumentationszentrum, Photodatenbank (Stegmann-Album, SA 23)
S. 32: Dokumentationszentrum, Photodatenbank (DZ-Ph 1210.4)
S. 33: Dokumentationszentrum, Photodatenbank (Stegmann-Album, SA 227)
S. 34: Dokumentationszentrum, Photodatenbank (Stegmann-Album, SA 253)

Wolfgang Mück

„Türme über der Stadt" – ein Schlüsselroman über den Aufstiegs der völkischen Bewegung in der NS-Hochburg Neustadt a. d. Aisch von Gustav Sondermann

1. Titel, Erscheinungszeit, -ort und Verlag

In dem Kleinstadtroman *Türme über der Stadt* aus dem Jahr 1938 schildert der seit 1920 in Emskirchen im Landkreis Neustadt a. d. Aisch praktizierende Landarzt, Publizist und Schriftsteller Dr. Gustav Sondermann – begeisterter Führer einer Gruppe des *Bundes Oberland* und seit 1923 auch Mitglied der *NSDAP* – das rasche Aufkommen der völkisch-nationalen Bewegung in der mittelfränkischen Kreisstadt Neustadt a. d. Aisch in den Anfangsjahren der Weimarer Republik. Und er beklagt den als schmerzlichen Treuebruch wahrgenommenen Verrat der Ideale durch enthemmte Nationalsozialisten.[1]

Neustadt a. d. Aisch in den 1920er-Jahren

Der Roman erschien wohl nicht zufällig im Jahr 1938, in dem Jahr, in dem die Ortsgruppe der Neustädter Nationalsozialisten mit einer Reihe von festlichen Veranstaltungen auf ihre 15-jährige Geschichte zurückblickte und den überaus erfolgreichen Aufstieg zu der Hochburg des Nationalsozialismus in Mittelfranken feierte.

Porträt Dr. Gustav Sondermann, um 1920

Zwar wird der Name der Stadt in dem 448 Seiten starken Werk nie direkt genannt, jedoch gestatten die beschriebenen Schauplätze sowie die handelnden Personen, deren Namen zwar verfremdet sind, damals jedoch jedem Zeitgenossen geläufig waren, die eindeutige Zuordnung.[2] Nicht wenige von ihnen – führende Persönlichkeiten der staatlichen Ämter, der Kirchen und Schulen, der Gewerbetreibenden, aber auch einfache Arbeiter – ließen sich aufgrund genauer Charakterisierung unzweifelhaft als Bürger der Stadt an der Aisch identifizieren.[3]

Sondermann hat seine Darstellung der Ereignisse und Personen durch gründliches Studium der Lokalzeitung und intensive Gespräche mit Zeitgenossen abgeglichen: Manches Kapitel las er im Familien- und Bekanntenkreis im Entwurf vor, dabei wurde über Einzelheiten gesprochen, und es wurden wiederholt Korrekturen vorgenommen.[4]

Der zeitliche Schwerpunkt des Romans liegt auf dem Krisenjahr 1923 mit den Auswirkungen der Inflation und den Vorbereitungen auf den im rechten Lager angestrebten Umsturz der politischen Ordnung in Bayern wie im Deutschen Reich, endend im Hitlerputsch vom 9. November 1923, als Hitler versucht hatte, von Bayern aus die Macht im Staate an sich zu reißen. Sein Scheitern wird in einem Gespräch zwischen dem Schreiber des Romans und dem energisch agierenden Oberlehrer Wieser, einer der Hauptpersonen, bedauernd problematisiert: „Da, an diesem Platz stand ich mit ihnen [den jungen, kampfbereiten Burschen], alte Militärgewehre hatten wir, mit denen sie kaum umzugehen wußten; ihre Uniform war eine Hakenkreuzbinde, die meine Frau ihnen aus alten Badehosen und weißem Zeug zusammengenäht, weil sich sonst niemand um diese ‚Narrheit' bemühen mochte! Wir wären aber trotz allem zum Einsatz bereit gewesen; doch statt des Befehls, des erwarteten, kamen die ganz Gescheiten, die Besonnenen, die sich bis jetzt sorgsam zurückgehalten, und beruhigten uns – es laufe alles gut, Tirpitz habe sich der Bewegung angeschlossen – wir sollten nur wieder heimgehen – morgen würden wir weiteres hören – –! Ja, am Morgen hörten wir die ganze Schweinerei, und wir waren die Hausnarren!"[5]

Zum Zeitpunkt des Erscheinens des Romans existierte der *Bund Oberland* schon ein Jahrzehnt nicht mehr – jener in der Nachfolge des aufgelösten *Freikorps Oberland* 1921 gegründete Wehrverband, der im Aischgrund mitgliederstarke Ortsverbände aufgebaut hatte. Und so lesen sich viele Passagen des Buches wie ein verklärender Abgesang auf einen verloren gegangenen hoffnungsvollen Aufbruch in eine neue Zeit.[6] Neben persönlichen Erinnerungen Sondermanns werden auch Episoden, die sich ebenso im *Neustädter Anzeigeblatt* finden, in die Romanhandlung eingeflochten, ein Verfahren, das typisch ist für Sondermanns Schreibweise.[7]

Rechtes Gedankengut war in Neustadt a. d. Aisch auf bereitwilligen Boden gefallen. Die Aktivisten der späteren Ortsgruppe der *NSDAP* hatten die Stadt innerhalb kürzester Zeit zwischen dem Frühjahr 1922 – Bildung einer Neustädter Ortsgruppe der *Deutschen Werkgemeinschaft* durch den Nürnberger Lehrer Julius Streicher – und dem Sommer 1923 zu einer Hochburg des Nationalsozialismus in Franken gemacht, die weithin in die Umgebung ausstrahlte. Am 5. August 1923 konnte der Führer der Nationalsozialisten, Adolf Hitler, in einer programmatischen Rede auf dem Neustädter Sport- und Kirchweihplatz vor über 20.000 erwartungsvoll gestimmten Menschen seine nationalistischen, rassistischen und antidemokratischen Parolen verbreiten.[8] Die Zuhörer reagierten begeistert auf die Person des Redners und seine Thesen. Hitler war überrascht von dem ungeheuren Zuspruch, den er in dieser Weise – wie er äußerte – in Franken nicht erwartet hätte.

Reminiszenzen werden geweckt an die traditionsreiche Geschichte der Stadt, eine Gründung der zollerischen Burggrafen von Nürnberg aus dem 13. Jahrhundert auf der Basis eines fränkischen Königshofes aus dem achten Jahrhundert. Als untergebirgische Landeshauptstadt und Nebenresidenz des Fürstentums Brandenburg Kulmbach-Bayreuth war die Stadt in Napoleonischer Zeit im Jahr 1810 an das Königreich Bayern gelangt und zur Landstadt III. Ordnung herabgestuft worden. Trotz des Bedeutungsverlustes übte die Kreisstadt zu Beginn des 20. Jahrhunderts mit den hier ansässigen Reichs-, Staats- und Bezirksbehörden (Allgemeine Ortskrankenkasse, Amtsgericht, Arbeitsamt, Bezirksamt, Bezirksschulbehörde, Brandversicherungsamt, Eichamt, Finanzamt, Forstamt, Landeskrankenkasse, Messungsamt, Notariat, Postamt, Zollamt und Zollinspektion) administrative Mittelpunktsfunktionen aus. Mit einem regional bedeutsamen Handel und einem reich entwickelten Handwerk sowie kleineren Betrieben mit industrieller Produktion (Pinselmacher, Reißzeuge, Holz- und Lederverarbeitung, Ziegeleien) war sie durch ihre Anbindung an das Eisenbahnnetz (Hauptlinie Nürnberg–Würzburg, Nebenbahnlinien in den unteren und oberen Aischgrund) Wirtschaftszentrum in einem überwiegend agrarisch geprägten Umland mit kleineren bäuerlichen Familienbetrieben.

Als Standort mehrerer weiterführender Schulen (Progymnasium, Realschule, Schülerheim, Landwirtschaftsschule) und weiterer kultureller Einrichtungen und als Gesundheitszentrum (Krankenhaus, Pfründner-Hospital, Siechenheim, Bezirksarzt und Bezirkstierarzt, Fachärzte, Städtische Warmbadeanstalt) wirkte die 4900 Einwohner zählende Stadt über den eigenen Bezirk (Landkreis) Neustadt a. d. Aisch in die benachbarten Bezirke Scheinfeld und Uffenheim hinein.

Der Titel des Romans bezieht sich auf drei Bauwerke der Stadt, die ihre Silhouette prägten und teilweise auch heute noch prägen:

> das Nürnberger Tor, eine dreiteilige Baugruppe, krönender Abschluss der bergan führenden Nürnberger Straße, überragt von dem hohen Torturm aus der Mitte des 15. Jahrhunderts, dem „weisen Wächter" über der Stadt,
>
> der Kirchturm der evangelischen Stadtkirche mit dem rührigen goldenen Hahn, dem „alle Tage wetterwendischen galligen Gockel" und
>
> der einstige Schornstein des Brauhauses mit seinem großen drehbaren Windfang, in dem nach Ansicht abergläubischer Bürger der Teufel sein Unwesen trieb.

Diese drei „Türme" führen des Nachts einen Diskurs über die Erwartungen, Hoffnungen und Freuden sowie die alltäglichen wie die existenziellen Sorgen und Nöte der Menschen der Stadt – teils mit Rückblicken in die Vergangenheit, teils mit interessanten Einblicken in die erzählte Gegenwart. Dadurch, dass der Autor dem Nürnberger Torturm und dem Gockel des Kirchturms menschliche Charaktere verleiht, gelingt es Sondermann, Botschaften zu transportieren, die ihm wichtig erscheinen, ohne als auktorialer Erzähler mit eigener Meinung in Erscheinung treten zu müssen. Dem Schornstein des Brauhauses hat der Autor als leibhaftiger Advocatus Diaboli naturgemäß eine eher untergeordnete Rolle zugedacht.

Gewiss diente dies auch als eine Art Rückversicherung des Autors gegenüber der Reichsschrifttumskammer, die auf die „Frei-

Aufmärsche von Oberland und SA prägten ab 1923 das Bild der Stadt Neustadt a. d. Aisch

haltung des Schrifttums von ungeeigneten und unzuverlässigen Elementen“ zu achten hatte und für die Säuberung der Literatur von allen artfremden und volksschädlichen Schriftstellern verantwortlich war. Dadurch wirkte die Kammer entscheidend mit bei der Gleichschaltung des deutschen Schriftguts.

Um den Roman überhaupt veröffentlichen zu können, musste Sondermann wie alle im Literatursektor Tätigen laut Anordnung vom 30. Juli 1934 die Mitgliedschaft in der RSK nachweisen. Ein Verstoß gegen die nationalsozialistische Ideologie hätte unweigerlich den Ausschluss aus der Kammer und damit ein Publikationsverbot nach sich gezogen.

Das Buch erschien im Wichern-Verlag in Berlin-Spandau, einem 1920 gegründeten protestantisch geprägten Verlag. Der Name des Verlags bezieht sich auf Johann Hinrich Wichern (1808–1881), Theologe, Lehrer und Begründer der Inneren Mission. Der Verlag, der zunächst nur missionarische Schriften vertrieb, wurde unter der Leitung von Friedrich Wittig in den 1930er-Jahren trotz Einschränkungen der Verlagsarbeit durch das NS-Regime mit Veröffentlichungen bekannt, die sich kritisch mit der nationalsozialistischen Weltanschauung auseinandersetzten.

In dieses Verlagsprofil passte Sondermanns Roman – eine verzweifelte Suche nach einer Lösung der politischen, sozialen und ideologischen Fragen der 1920er-Jahre auf der Basis des christlichen Glaubens – gut hinein. Ein Erscheinen vor Ort wäre ohne Eingriffe in die Substanz des Werkes sicher nicht möglich gewesen, nicht vor dem Hintergrund der straffen ideologischen Ausrichtung der Neustädter Ortsgruppe der *NSDAP* und schon gar nicht im Dunstkreis des Frankenführers Julius Streicher, zu dem der Autor ein sehr gespanntes Verhältnis hatte.

2. Handlungszeit und Intention

Gleich zu Beginn des Romans wird die Rolle des Torturms im Leben der Stadt skizziert. Am oberen Eingangstor zur Stadt hat *der alte Wächter* über Jahrhunderte hinweg Menschen kommen und gehen sehen, Freunde wie Feinde, viele trauernde und hoffnungslose Menschen, aber auch junge, zuversichtliche Burschen, wie die des *Bundes Oberland*.

Der Turm hat dabei viele unterschiedliche Symbole getragen, einige selbstbewusst bejaht, andere grimmig erduldet. Voller Stolz erinnert er sich daran, wie „die Fahne in den drei Farbbändern des Sieges" [Schwarz-Weiß-Rot: Farben des Deutschen Reiches] am Beginn des Großen Krieges vom obersten Turmfenster hinabwallte: „ein festliches Kleid … ein strahlender Dreiklang aus Schwarz, Weiß und Rot". Ihr folgte nach dem Ersten Weltkrieg in der Phase des revolutionären Umbruchs der „rote Fetzen" der Revolution. Der Turm empfand ihn als ein „Warnungszeichen für Gott und alle guten Geister". Danach musste er eine weitere ihm verhasste Fah-

Das Nürnberger Tor, Fotografie, um 1910

ne tragen: „die andere Fahne" [Schwarz, Rot, Gold: Farben der Revolution von 1848 und der Weimarer Republik], „hervorgeholt aus dem Trödelmarkte der Historie".[9] Von hoher Warte hat der Wächter die Möglichkeit, in die Häuser der Menschen zu sehen. Mit innerer Anteilnahme beobachtet er etwa das verkorkste Eheleben des genusssüchtigen Amtsgerichtsrates und dessen frustrierter Ehefrau und freut sich über deren vom Autor breit ausgemalten Wandel zu verständnisvollen Partnern und verantwortungsbewussten (Stief-) Eltern gegen Ende des Buches.

Stadtkirche St. Johannes der Täufer, Fotografie, um 1910

Als Gegenspieler zu diesem Menschenversteher führt Sondermann den galligen goldenen Hahn am Kirchturm der evangelischen Stadtkirche in das Geschehen ein. Meist missgelaunt, boshaft und hochtrabend kommentiert der eitle Gockel mit herben und bissigen Bemerkungen die Geschehnisse des Tages und spottet über die Nöte der verunsicherten Menschen.

Dritter im Bunde der die Stadt überragenden Gebäulichkeiten ist der „Schlot“ des Brauhauses Neustadt a. d. Aisch am Ostrand der Altstadt. Der hohe Entlüftungskamin wird gekrönt von einer riesigen Haube mit kunstvoll geschwungenen Windfangblechen, die sich im Wind drehen und an gerüstete Ritter mit hochgeklapptem Visier erinnern. Diese drehbare Haube dient dem Teufel als gelegentliches Versteck. Im Meinungsaustausch der Türme spielen der Schornstein und sein dämonischer Besucher eine eher untergeordnete Rolle.

In dem Schlüsselroman *Türme über der Stadt* beschreibt Gustav Sondermann anhand einer Fülle einzelner Personen die durch den Umbruch der Zeit und die wirtschaftliche Not entstandenen Verwerfungen der Gesellschaft am Beispiel der Kleinstadt Neustadt a. d. Aisch. Dem egoistischen Gegeneinander der herrschenden Schicht wird das selbstlose Wirken und Streben der Mitglieder des *Bundes Oberland* gegenübergestellt, die allerdings mit dem Erstarken des Nationalsozialismus zur *SA* und *NSDAP* abwandern. Sondermann schafft auf diese Weise ein überaus farbiges Panorama der Umbruchzeit in den Anfangsjahren der Weimarer Republik.

Die Haupthandlung spielt in den Jahren 1923 und 1924. Den Repräsentanten der ungefestigten Weimarer Republik – von Sondermann als „rote Bonzen, ehrlose Opportunisten“ oder „vom Zeitgeist Verführte“ bezeichnet – werden die „aufrechten Mitglieder des Bundes“ gegenübergestellt. Auf der Grundlage ihrer unbeirrbaren völkisch-nationalen Gesinnung und aus „feuriger Liebe“ zu ihrem Vaterland Deutschland wollen sie die „Schmach des Versailler Vertrags“ sühnen, die drückende wirtschaftliche Krise überwinden und die politische Orientierungslosigkeit der Menschen beseitigen. Ihr Ziel: dem in seinen Grundfesten erschütterten früheren Deutschen Reich unter neuer Führung zu alter Größe und Macht zu verhelfen.

Die Ideale, die Sondermann im *Bund Oberland* gefunden zu haben glaubte, sah er durch die politische Entwicklung und die Hinwendung vieler Menschen zum immer stärker werdenden Nationalsozialismus verraten. Als ganze Ortsgruppen des *Bundes Oberland* zur *SA* übertraten, führte das 1928 zu dessen Auflösung. Und so liest sich Sondermanns Darstellung streckenweise wie ein verklärender Abgesang auf die gute alte Zeit der Oberland-Kameradschaft mit ihren von Idealismus und Zuversicht getragenen Werten. Zugleich bietet der Roman dem Autor die Möglichkeit, sich mit Zeitströmungen auseinanderzusetzen, die er als Niedergang alter Werte empfindet. Harsch rügt er beispielsweise die Untätigkeit der christlichen Kirchen gegenüber den Herausforderungen der Gegenwart und rügt vehement das Verhalten vieler ihrer „verbeamteten Funktionäre".

Ebenso kritisch beleuchtet er die Führer der politischen Parteien und der Gewerkschaften. Mit seinen Figuren prangert Sondermann die oft enge und verlogene Lebensweise der kleinbürgerlichen Gesellschaft an. Zudem brandmarkt er die kritiklose Übernahme von Naziparolen und die leichte Verführbarkeit von Menschen, die sich bereitwillig dem Diktat der herrschenden Meinung anschließen.

So schlüpft der Autor in die Rolle des Aufklärers, der sich einerseits der Vergeblichkeit seines Tuns bewusst ist, andererseits aber die Stimme der Vernunft erhebt. Seine Einstellung erscheint dem heutigen Leser nicht immer konsequent zu sein. Persönlich unterstützte er die *NSDAP* durch seinen Parteieintritt im Jahr 1923, wendet sich aber – folgt man seinen späteren Äußerungen – nach einem Besuch Hitlers während dessen Haftzeit in Landsberg am Lech 1924 von diesem innerlich ab. Verstärkt engagiert er sich nun im *Bund Oberland.*

3. Sondermanns Sicht auf den Bund Oberland und die NSDAP

Diesen autobiografischen Hintergrund gilt es bei der Betrachtung des Neustadt-Romans aus dem Jahr 1938 zu beachten. Erzählzeit und erzählte Zeit – die Handlungszeit des Romans – weisen eine zeitliche Distanz von eineinhalb Jahrzehnten auf. Im Jahre 1938 feierte die *NSDAP*-Ortsgruppe Neustadt a. d. Aisch ihr 15-jähriges Bestehen mit einem großen Festakt und einer Reihe weiterer feierlicher Veranstaltungen. Da kam der Rückblick auf die gemeinsam erlebte frühe Kampfzeit den Nationalsozialisten sehr gelegen, auch wenn der Autor sich sehr zurückhaltend mit der Ortsgruppe der *NSDAP* beschäftigt, auf Hitler nur indirekt eingeht und den Namen des Parteiführers sogar vermeidet.

Das dargestellte Zeitbild stellt eine verklärte Sicht auf das Wirken und Wollen, die Aktivitäten und Ziele des *Bundes Oberland* und der *NSDAP*-Ortsgruppe dar. Sehr eindringlich hatte Sondermann diese Sichtweise schon in der Broschüre Von der *kommenden Revolution* dargestellt, die 1926 als Band 2 der Schriftenreihe des Oberlandkreises im Verlag Das Dritte Reich in Nürnberg erschienen war.[10]

Oberlandtagung auf Burg Hoheneck, Ostern 1923

In dieser Publikation setzte sich Sondermann zunächst mit dem Begriff Revolution auseinander, ehe er geschichtliche Zyklen beschrieb, die den Zwang zur Veränderung in sich trügen. Damit komme es zur Überwindung der „beginnenden Greisenhaftigkeit und Hilflosigkeit des alten Denkens und zum Durchbruch einer neuen Geistigkeit" in den staatlichen und wirtschaftlichen Verhältnissen eines Volkes. In diesem Sinne sei bei der November-Revolte von 1918 der Status einer Revolution nicht erreicht worden, weil es an geeigneten Trägern dieser „neuen geistigen Haltung" gefehlt habe.

Den bürgerlichen Menschen – wie er aus der Französischen Revolution von 1789 entstanden sei – sieht Sondermann als Träger eines der Zukunft des deutschen Volkes abgewandten und abträglichen Denkens. Dieses bürgerliche alte Denken müsse zerstört und durch eine neue Geistesverfassung ersetzt werden: „Daß dieses Denken durch eine neue, lebensstarke, schöpferische Geistigkeit abgelöst werde und die Träger dieser neuen geistigen Haltung die Führung des deutschen Volkes antreten, das ist der Sinn der kommenden Revolution."[11] Dabei gehe es nicht darum, auf einen kommenden Retter zu warten, vielmehr sei es wichtig, sich selbst zu verändern. „Werdet neue Menschen!", so lautet Sondermanns Losung, und er ist sich sicher, dass „unter Gottes Sonne" ein Wachstum der neuen Kräfte, ein Bruch der Zeiten, möglich sein werde.[12] Der Mensch sei vor die Wahl gestellt, einer zusammenbrechenden bürgerlichen Welt verhaftet zu bleiben oder „mit uns“ [den Verfechtern der völkischen Idee] „in eine Zukunft zu marschieren, in der eine neue Geistigkeit ein neues Schicksal schaffen wird“.[13] Dafür gelte es einzutreten und zu werben. Nur durch eine völlige Erschütterung der Selbstsicherheit dessen, was den Bürger ausmache, durch Unterwühlen des alten Denkens und der Kreise, die dieses alte Denken in sich trügen, werde die Idee und das Denken einer neuen Zeit, die innere „Wiedergeburt des neuen Menschen“, möglich werden.

Der *Bund* [Oberland] biete sich als Werkzeug an, als neue Gemeinschaftsform auf dem Weg in ein „neues und freies deutsches Vaterland“. Sondermann betont, dass es dabei weder auf die staatliche noch die wirtschaftliche Verfassung, sondern auf die Liebe zum deutschen Volk und dessen Größe ankomme. Dieses nebulöse Gedankengebäude erscheint dem heutigen Leser nicht nachvollziehbar: „Wir? Wer sind wir, die unsere Gemeinschaft stolz und bewußt einen Bund nennen? Wir waren Soldaten des großen Krieges und haben draußen unter dem großen Tod die Lebensquellen der Heimat und des Volkes erlebt. Wir haben Deutschland in seiner größten Not am tiefsten lieben gelernt und wissen, daß dieses Deutschland eine Größe ist, die über allen formalen Größen und Fragen der Regierungsform und Wirtschaftsweise erhaben und unabhängig steht.“[14]

Mit einem Seitenhieb auf die Hitlerjugend plädiert Sondermann dafür, die deutsche Jugend für den *Bund* anzuwerben, ohne organisatorischen Selbstzweck „wie bei der HJ“. Er träumt von einer kleinen Schar, die den „Adel einer neuen Zeit bilden werde, einen Adel der Pflicht, der Leistung und der Gesinnung“.[15] Aufbauend auf diese Jugend und getragen von einer Werteordnung, sehe Deutschland einer großen Zukunft entgegen. Ausgehend von dem Axiom, dass Deutschland eine Kulturnation sei – eine „Urheimat mit der Sehnsucht nach Freiheit“, getragen von der „einzig voraussetzungslosen absoluten unbedingten Kraft der Welten, der Liebe“ – sei der deutsche Mensch berufen, nach einer Weltanschauung zu handeln: „Andere Völker handeln nach Willensimpulsen, Gemütswerten, nach praktischen Gesichtspunkten, der Deutsche muß seinem Wesen gemäß nach Weltanschauungen handeln, denen er alles andere, und wenn es sein muß, Volk und Vaterland, unterordnet und opfert. Wir können aus den Deutschen keine Franzosen, Italiener oder Engländer machen, also sorgen wir dafür, daß dem deutschen Volke eine Weltanschauung wird, die die Wirklichkeit umspannt und dem Menschen als einem doppelpoligen Wesen seinen wahren und richtigen Platz im Weltgeschehen zurückgibt.“

Dr. Joseph E. Drexel, August Winnig und Dr. Gustav Sondermann auf Burg Hoheneck

In diesem Sinne fordert Sondermann von der Politik einen idealistischen Ansatz. Nicht taktisches Verhalten, sondern weises Lenken müsse ihre Aufgabe sein: „Denn die Menschenschicksale werden nicht bestimmt von politischen Taktikern, sondern einzig von den Menschen, denen die Gnade tiefster Weisheit und der Schmerz fernsten Wissens gegeben ward."[16]

Streckenweise liest sich der Roman *Türme über der Stadt* wie eine Selbstrechtfertigung seines Verfassers, jenes Dr. Gees – „Ge" für Gustav und „es" für Sondermann –, der in dem Roman auch selbst auftritt, beispielsweise als Redner anlässlich einer Sonnwendfeier auf dem *Wächterhügel*, „einem Bergkegel bei einem einsamen Gehöft", der sich hoch über das Aischtal erhebt und einen Blick übers Land und hinüber auf die kleine Stadt gestattet.[17] In seiner Feuerrede formuliert Sondermann, alias Dr. Gees, erneut sein politisches Credo. Er deutet die Zusammenkunft als leuchtendes Zeichen dafür, dass hier Männer versammelt seien, einen Brand zu entfachen wider die Missherrschaft der Zeit, Männer, die bereit seien, Wache zu halten über die Not des Volkes und Stärke zu empfangen aus dem Element der Gemeinschaft. Sondermann zitiert sich quasi selbst, wenn er die Grundzüge seiner *Feuerrede* im Roman festhält: „Davon sprach an dem Feuerplatz Dr. Gees zu seinen Kameraden: ‚Gewiß ist es nicht leicht, Kamerad im Bunde zu sein, da doch jeder von uns seinen Beruf hat und all die Bin-

Neustadt a. A., 13. Juli. **Oberlandtag in Unternesselbach.)** Die Kreisstelle Mittelfranken-Nord des Bundes Oberland tagte am 8. Juli in Unternesselbach. Samstag abend schon trafen die auswärtigen Gäste am Bahnhof Neustadt ein, begrüßt von Oberländern der Gruppe Unternesselbach. Unter Vorantritt einer Musikkapelle marschierte man mit klingendem Spiel durch die Stadt und dann nach Unternesselbach. Die Ankommenden wurden dort herzlich und freundlich von den älteren Bundesmitgliedern und der ganzen Einwohnerschaft empfangen und bewirtet. Nach eingetretener Dunkelheit erfolgte der Aufmarsch zum Eulenberg. Hier wurden die Sonnwendfeuer angezündet. Der im Doppelring das Feuer umgebenden Mannschaft entbot der Führer der Ortsgruppe von Unternesselbach den Willkomm, der Kreisführer entwickelte Sinn und Zweck der Sonnwendfeier, die durch Gedicht- und Musikvorträge noch glückliche Ausgestaltung fand. Am andern Morgen trat man zu ernster Arbeit an und ein Gottesdienst im Freien unter der alten Lutherlinde, wo der Ortsgeistliche eine begeisternde, von vaterländischem Sinn durchglühte Rede an die zahlreichen Teilnehmer hielt, schloß die Tagung. Am Nachmittag vereinigte ein fröhliches Fest Oberländer, Ortseinwohner und zahlreiche Gäste aus den benachbarten Orten unter herrlichen Eichen, bis die Bahnzeit zum Abmarsch nötigte. Die fremden Oberländer waren des Dankes voll über die Gastfreundschaft, die die Einwohner durch Darbietung von Obdach und Mahl und der Verdienste, welche sich die jungen Mädchen des Dorfes um die Zubereitung der Speisen erworben hatten. Eine größere Gruppe Oberländer sammelte sich am Abend noch hier auf dem Beyernkeller zu fröhlicher Nachfeier. Das ernst-fröhliche Fest hat seinen Zweck erfüllt; es stand durchaus im Dienste vaterländischer Erhebung.

Bericht des Neustädter Anzeigeblatts über eine Oberlandtagung in Unternesselbach bei Neustadt a. d. Aisch im Juli 1923

dungen des Alltags trägt, dieweil sich die alten Parteien Leute im Hauptberuf für ihre Zwecke auszuhalten vermögen. Aber – wenn einer müde zu werden beginnt, dann soll er doch dort hinüber sehen, nach dem Westen, wo der helle Abendstern jetzt steht und sich neigt über den Gräbern der Kameraden, die zu Hunderttausenden gebettet sind im französischen Boden. Sie alle trugen die Fahne in Händen und wir nahmen sie auf, als ihre Träger sanken; und auf dieser Fahne steht kein ander Wort als Deutschland'. ‚Ich weiß', so schloß er mit leiser Stimme, ‚auch unser Bund wird nicht ewig währen, er wird vergehen wie viele Gemeinschaften dieser Zeit, aber' – und noch einmal begann sich seine Stimme mächtig zu entfalten und ihr jubelnder Klang vermählte sich mit dem Brausen des nun auflodernden Feuers – , aber ich weiß ebenso gewiß: heute lebt Deutschland in uns, in unseren Herzen, in unserem Glauben; wir bergen es vor allem Verrat und aller Gemeinheit dieser Welt gleich einem köstlichen Samen kommender Zeiten.

Darum lodere, du heilige Flamme, in dir brennt unser Glaube, in dir rauscht unser Wollen, in dir leuchtet das kommende Reich.‘“[18]

Als in der nachfolgenden Diskussion ein sudetendeutscher Redner das im Versailler Vertrag festgeschriebene Recht auf Selbstbestimmung der Völker, und damit auch das der überwiegend von Deutschen bewohnten Randgebiete der nach 1918 entstandenen Tschechoslowakischen Republik vertrat, entwickelte sich daraus eine Diskussion über die Rolle des Nationalismus.[19] Sondermann lässt einen Junglehrer die Frage stellen, wie man den ungerechten Friedensschluss von Versailles überwinden könne, und er lässt diesen seine Vision einer zukünftigen europäischen Friedensordnung ohne gewaltsame Veränderung vortragen. Sein Protagonist fordert Verständnis „für die Tatsache, daß gerade nach diesem ganzen Unglück die Völker Europas nur die Wahl haben: entweder in Gemeinschaft zusammenzuleben oder aneinander zugrunde zu gehen!“[20]

Um diese Friedensordnung zu verwirklichen, müsse nur ein Führer kommen, ergänzen seine Kameraden, um dieser neuen zukunftsweisenden Haltung zum Durchbruch zu verhelfen. Der begeisterte Junglehrer, auf mögliche Einwände eingehend, setzt hinzu: „Ein Volk müsse einmal anfangen und es müsse sich nur ein Mann finden, der diese neue Haltung in sich trüge, gleichzeitig es aber verstehen, seinem Volk auch wieder eine reale Macht zu schaffen, um diese sowohl für das Volk wie für das Ideal einzusetzen.“[21]

Zur Erreichung der angestrebten politischen Neuordnung sei es nach Meinung der Mehrheit der Kameraden jedoch notwendig, Gewalt anzuwenden, um das Alte zu zerschlagen, damit Raum geschaffen werde für ein neues Deutschland. Von diesem neuen Deutschland schwärmt eine weitere Figur des Romans, der evangelische Pfarrer Ernst (real: Pfarrer Georg Düll), in einer Veranstaltung vor SA-Leuten auf Burg Hoheneck: „Was ist euer Ziel? Siegen, über dieses jämmerliche Deutschland von heute siegen! An seine Stelle ein neues, besseres Deutschland setzen! Gewiß – gesegnet seid ihr ob solchen kühnen und edlen Wollens!“[22] Auch in den Worten dieses als aufrechten Gottesmann gezeichneten Pfarrers wird der kultisch-sakrale Charakter des völkischen Gedankengutes deutlich, dies belegen seine Vorstellungen von Opfer und Ehre für den Zusammenhalt einer künftigen Gesellschaft.

In dieser Beziehung waren sich *NSDAP* und *Bund* einig. Deutlich wird aber auch die Sympathie des Autors für diesen Pfarrer, der sicher auch Abbild seiner selbst und seiner Suche nach einem lebendigen und menschenbezogenen Christentum ist. Sondermanns Nähe zum christlichen Glauben bezeugt auch einer seiner jugendlichen Bewunderer, nämlich der aus Emskirchen stammende spätere Pfarrer Ernst Goos: „Ich habe Dr. Sondermann als einen Menschen kennengelernt, der mit Ernst Christ sein will. Darum war es ihm stets ein großes Anliegen, dass die Diener der Kirche als lebendige Zeugen christlicher Wahrheit und Liebe ihren Beruf erfüllen." Zusammenfassend bescheinigte der Geistliche seinem Mentor „echte Liebe zur Kirche".[23]

Im Roman kommt der Autor immer wieder auf den *Bund* und dessen idealistische Ziele zu sprechen. Seine Vorstellungen von einer neuen staatlichen Ordnung werden in Gegensatz gebracht zur Vorkriegsordnung, vor allem aber zum aktuellen Zustand der Republik. In einem eigenen Kapitel geißelt er das eigennützige Verhalten von Stadtbürgern.[24] So mokiert er sich beispielsweise über das berechnende Verhalten des aus beruflichen Gründen sozialdemokratisch gewordenen Lehrers, des Genossen Egon Schröder, der aus der Großstadt zugezogen war, um in der Kleinstadt Stadtschulrat zu werden. In dessen Person findet Sondermann eine weitere Möglichkeit, den Utilitarismus weiter Kreise der deutschen Gesellschaft anzugreifen und dagegen den Idealismus der Mitglieder des *Bundes* zu setzen.

Erneut ergreift der Autor die Gelegenheit, die Ziele des *Bundes Oberland* in schwülstigen Formulierungen als eine pseudoreligiöse asketische Gemeinschaft darzustellen: „Und so war's kein Wunder, wenn die saubere Jugend unserer kleinen Stadt [dem Politikbetrieb der Republik, der Verf.] ferne blieb, nein, nicht ferne blieb, sondern schärfste Kampfesstellung suchte gegen solche Gesinnung; und diese Stellung fand sie im *Bund*. Ja – und sauber war sie die Jugend, die Jungmannen, die sich zusammenfanden; das bäuerliche Blut rann noch kraftvoll und instinktsicher in den Adern … zündend war in ihre frühe Jugend das schwere Geschehen des großen Krieges gefallen – aufwühlend, ihre Einbildekraft befeuernd mit Bildern heldischer Taten und treuer Pflichterfüllung; so sahen sie im Beitritt zum Bunde, zu der Kameradschaft alter Soldaten die Einlösung eines verpflichtenden Eides: ja, auch sie wollten dabei sein, die Not zu wenden, die Schmach zu tilgen! Ha, Freunde – mag da kommen, was immer mag – nie werden wir vergessen dieses herrliche Beginnen, dieses zärtlich-stürmische Erwachen einer jungen, sauberen Liebe im deutschen Jüngling zum kommenden Reich! … Nie mehr scheint uns der Himmel so hell, klar und leuchtend, nimmer brechen wir so die Blüten in schneeiger Pracht, als damals, als wir das verborgene Deutschland gesucht wie einen geheimen Schatz, umworben wie ein blühendes Weib!"[25]

Damit nicht genug, skizziert der Romanschreiber das von innerster Gewissheit getragene Streben der Nachkriegsgeneration zur Neugestaltung des Lebens in der Stadt, auch diese Passagen sind mit geradezu hymnischem Gestus gestaltet: „So waren diese Menschen befeuert und getragen von der glückhaften Sicherheit einer wahrhaft guten Sache, so war ihr Sein völlig durchpulst von dem geheimen Rhythmus eines werdenden Lebens! Nicht ängstlich sahen sie nur auf ihre engste Gemeinschaft, denn zu stark waren sie ineinander verwurzelt, getrieben aus einem Saft, genährt aus einer Krume; frei und fröhlich des sicheren Sieges lebten sie ihr Dasein aus an der Stelle, an der sie das Leben der kleinen Stadt brauchte: Handwerker, Bauern, Schreiber und Schüler, Arbeiter und dazu einige Junglehrer waren tätig in den Vereinen, zumal im Turnverein. Und so durchwuchsen sie mit ihrer sauberen und gesunden Kraft das Gesamtwesen der Stadt, überall hinstrahlend die kühne Sicherheit, das männliche Wesen des *Bundes*. Ha, wohl saß die rote Partei im Regiment, stimmte ab und ließ drucken schwarz auf weiß im Amtsblatt; aber das Leben beherrschte, die Sitte bestimmte, die Zukunft formte der *Bund*, ihr Bund!“[26]

Wiederholt wird in dem Roman das Thema Gewaltanwendung zur Überwindung des Alten und zur Durchsetzung des Neuen aufgegriffen und problematisiert. Auf die Worte des evangelischen Dekans, der auf Einhaltung von Rechtsnormen pocht, antwortet der alte Oberlehrer Wieser, einer der führenden Köpfe der völkischen Bewegung in Neustadt a. d. Aisch: „Ich denke gar nicht daran, mich der Anwendung brachialer Gewalt zu schämen, ich nehm's, wie es ist: nachdem es keine einigermaßen vertrauenswürdige Ordnung mehr gibt, muß eben da und dort mit irgendwelchen Mitteln Ordnung geschaffen werden, auf daß die Menschheit doch nicht ganz vergißt, was denn überhaupt Ordnung heißt; und wenn das nicht von oben geschafft wird, nun gut, dann von unten, und zwar mit all dem, was uns armen Würstchen zur Verfügung steht: mit unseren Fäusten und was wir in ihnen zu halten vermögen.“

Dennoch differenziert Sondermann zwischen dem Verhalten der Mitglieder des Bundes und dem der Nazis. Unverkennbar die Ironie in der Antwort auf die Frage nach dem Ansehen des *Bundes* und nach dem Unterschied in der öffentlichen Meinung: „Und das Ansehen des *Bundes*? Na, ich danke der Nachfrage: das wächst zusehends, denn der Durchschnitt unserer Mitchristen läßt sich von den Fäusten immer noch mehr imponieren als durch Anstand und Geistesdünkel.“[27]

Dass diese Einstellung einer Respektsperson nicht nur Theorie bleibt, sondern die Realität in dem kleinen Städtchen bestimmt, belegt der Roman mehrfach. Ein treffendes Beispiel von massiver Gewaltanwendung und Einschüchterung von Personen malt

Sondermann in einer schwankhaft wirkenden Episode nahezu behaglich aus. Als der Rektor des Progymnasiums Dr. A. Krügler (real: Dr. Paul Kegler) in seiner Schuljahresabschlussrede republikfeindliche Äußerungen macht und der Judenlehrer Sally Sternschein (real: Leser Hecht) sich darüber Notizen anfertigte und auch sein Kollege, der Gymnasialprofessor Dr. Otto Jecherl (real: Dr. August Jegel), sich darüber mokierte, erhielten die beiden republiktreuen Pädagogen gegen Abend desselben Tages zeitgleich Besuch von SA-Leuten. Geführt von dem Lehrer Wieser bzw. dem Gärtner Gebert (real: Adolf Gebers) drangen Trupps junger Burschen, Hundepeitschen schwingend in die Wohnungen der beiden Lehrer ein und zwangen sie durch „kräftige Watschen" (Judenlehrer) bzw. unmissverständliche Drohgebärden (Gymnasialprofessor) vorbereitete Ehrerklärungen zu unterschreiben, um den Schulleiter vom Vorwurf der Republikfeindlichkeit zu entlasten. Unter Zwang gaben die beiden Pädagogen Ehrerklärungen ab für den zuvor von ihnen beanstandeten Schulleiter. In diesen vorgefertigten Stellungnahmen versicherten sie, dass der Anstaltsleiter „kein Reaktionär ist und dessen Rede vom 15. Juli bei der Schlußfeier des Progymnasiums in keiner Weise zu beanstanden ist."[28]

Die Romanfigur Dr. Jecherl erweist sich im Folgenden als Überläufer. In einem späteren Gespräch mit dem alten Wieser bringt er seine neu gewonnene Sympathie gegenüber der Bewegung zum Ausdruck. Seinem Vorgesetzten, dem Schulleiter Dr. Krügler, dient er sich dadurch an, dass er diesem von der Existenz eines nationalsozialistischen Geheimbundes am Progymnasium berichtet; dabei übergibt er einen von ihm konfiszierten Zettel mit den Namen der Gruppenmitglieder.[29]

Auch mit dieser Episode griff Sondermann auf Tatsachen zurück. Ende der 1920er-Jahre hatte sich am Progymnasium tatsächlich eine illegale HJ-Gruppe gebildet, die im Sommer 1930 von dem Dr. Sondermann bekannten Emskirchner Schüler Ernst Goos, dem späteren Pfarrer, geführt wurde: „Ich besuchte 1925–1931 das Humanistische Progymnasium Neustadt a. d. Aisch. Neustadt war eine Hochburg des Nationalsozialismus. NS-Betätigung war damals an den Schulen verboten. Selbstverständlich waren wir Schüler schon deshalb begeisterte kleine Nazis. Ich selbst gehörte seit 1928 zu einer illegalen NS-Schülergruppe und führte sogar diese Gruppe vom Mai 1930 bis Dezember 1930. Im Dezember 1930 aber sagte ich mich von der HJ los und löste die Gruppe auf. Daß ich zu diesem Entschluß kam, verdanke ich einzig und allein der Beeinflussung durch Dr. Sondermann."[30]

Das brutale Vorgehen gegenüber den beiden Lehrern des Humanistischen Progymnasiums – von Sondermann als „schwarze

Beisetzung des Münchner Polizeipräsidenten Dr. Ernst Pöhner auf Burg Hoheneck am 19. November 1927 unter Anwesenheit von Hitler, Hess, Goebbels, Streicher und dem Burgherrn, dem Münchner Verlagsbuchhändler Julius Lehmann

Tat" bezeichnet – rief im städtischen Bürgertum zwiespältige Reaktionen hervor: „Gewiß – auch der alte Dekan hatte so gelacht, daß er danach zehn Minuten lang husten und spucken mußte; doch am nächsten Tag wiegte er nachdenklich den großen Schädel: ja, wohin aber solche Wildwestmanieren führen würden? … Lederpeitschen als Rechtsinstrumente!" Der Geistliche, der im Roman als Draufgänger und Haudegen bezeichnet wird, aber auch als ein Mann, den nichts als „die wohlkonservierten Ruinen einer auch geistig behaglich verlebten Jugend" auszeichnete, konnte der Gewalt nicht zustimmen: „Das Recht müsse im Leben eines Volkes immer einen fixen Punkt haben, von dem es keine Macht der Welt wegzurücken vermöchte, auch dann nicht, wenn die Zeiten noch so toll wären!"[31]

Im Dialog zwischen dem Oberlehrer Wieser und dem Dekan findet Sondermann eine weitere Möglichkeit, die Anziehungskraft des *Bundes* mit geradezu glühendem Eifer darzustellen, wenn er die Zugkraft der Bewegung beschreibt: die Romantik, das straffe Auftreten in der Öffentlichkeit, die fröhlich-herzliche Kameradschaft, die ein starkes Heimatgefühl vermittle, das Ausscheiden ungeeigneter Elemente angesichts des strengen und Aufopferung fordernden Dienstes, der zu einer Elitenbildung führe: „Leut' denkt daran, was wir sind: ein *Bund*! Ein solcher kann aber nie eine Massenorganisation sein, sonst verrät er sich selbst und seine Aufgabe: Kern eines kommenden Volkes zu werden!"[32]

Am ersten Jahrestag des gescheiterten Hitlerputsches vom 9. November 1923 unterhalten sich der alte Wieser und der Arzt Dr. Gees über den kläglichen Ausgang des Umsturzversuches. Der Lehrer behauptet, dass es gut sei, wenn der *Zwitterstaat* seine inhaftierten Gegner zur Ruhe und zum Nachdenken zwinge, doch der Anfang werde nicht mehr ruhen, sondern keimen und wachsen, Widerstände durch sein Wachstum sprengen. Der Arzt bedauert die enttäuschten Hoffnungen vor allem der jungen Burschen, denen ein neues, besseres Reich versprochen worden war, und er tröstet sich mit dem Gedanken, dass tolles Draufgängertum allein ebenso wenig bewirke wie besonnen vorsichtiges Agieren: „Alles, was wird, das wird durch Spiel und Widerspiel!“[33]

4. Sondermanns Blick auf die bürgerliche Gesellschaft der Kleinstadt

Der Roman gibt den Blick frei auf die Nachkriegsgesellschaft der Kleinstadt Neustadt a. d. Aisch in den Anfangsjahren der Weimarer Republik. Das Panorama ist breit angelegt. Es reicht von den Außenseitern der Gesellschaft bis zu deren Spitzen, den staatlichen Beamten, Lehrern, Ärzten, Pfarrern und deren Frauen, insgesamt sind es rund 150 Personen. Die meisten sind in das Handlungsgeflecht mehrfach einbezogen, einige wenige – wie der Apotheker – treten nur einmal auf.

Sondermanns Personenschilderungen heben die charakteristischen Eigenschaften der Protagonisten sehr deutlich hervor, mancher Zug wird auch überzeichnet, selbst bei Personen, für die der Autor erkennbare Sympathie hegt. So wird der alte Sanitätsrat Dr. Ritter (real: Dr. Wilhelm Schnizlein), der mit Dr. Gees (dem Autor) befreundet ist, im Text als „Erzreaktionär“, „Dicksack“ oder „Glatzkopf“ bezeichnet. Der Autor wirft kritische Blicke auf die handelnden Personen, schonungslos beschreibt er die Schwächen und Eigenheiten der Hautevolee. Zwei fragwürdige Charaktere werden dem Leser eindringlich vor Augen geführt: der Amtsgerichtsrat Hofelmann und der Vermessungsinspektor Lämmermann. Beide Männer – zur Fettsucht neigend – sind in steter Sorge um ausreichenden Nachschub für ihre Fress- und Sauforgien. Sie werden quasi stellvertretend vorgestellt für die genusssüchtigen Vertreter der ungeliebten Republik.

Dagegen gilt Sondermanns Sympathie unverkennbar den Trägern der nationalen Bewegung und deren Sympathisanten, dem alten Lehrer Wieser, dem Direktor des Humanistischen Progymnasiums, dem dicken Gärtnermeister Gebert, der das Herz am

Trügerische Kleinstadtidylle unter dem Zeichen des Hakenkreuzes

rechten Fleck hat, dem mit seiner Gemeinde mitleidenden Pfarrer Ernst oder dem begeistert die nationale Bewegung fördernden Junglehrer.

Es ist bemerkenswert, dass die offizielle Politik, die im Stadtrat und in den demokratischen staatstragenden Parteien der Weimarer Republik verfolgt wird, so gut wie keine Rolle spielt. Diese Missachtung gilt auch für manchen Amtsinhaber. So wird etwa Neustadts langjähriger Bürgermeister Leonhard Bankel, Bürgermeister von 1921 bis 1945 – und dann wieder von 1948 bis 1960 – mit keinem Wort erwähnt. Es verwundert, dass der für antisemitisches Gedankengut durchaus zugängliche Autor keine Juden auftreten lässt, obgleich diese anfangs der 1920er-Jahre noch in die kleinstädtische Gesellschaft integriert waren: sportlich im Deutschen Turnverein und in der Kgl. priv. Schützengesellschaft, kulturell im Dramatischen Verein, im Volksliederbund und in der Liedertafel, politisch in der Freisinnigen Vereinigung. Die jüdischen jungen Männer waren wie ihre christlichen Klassenkameraden als Freiwillige in den Ersten Weltkrieg gezogen und hatten einen weit über dem Durchschnitt liegenden hohen Blutzoll entrichtet.[34] Zum Zeitpunkt der Handlung noch im wirtschaftlichen und gesellschaftlichen Leben der Stadt eine gewichtige Stellung einnehmend, waren sie zum Zeitpunkt des Erscheinens des Romans jedoch bereits völlig ausgegrenzt.[35]

Bemerkenswert ist auch Sondermanns Stellung zur Rolle der Frau in der Gesellschaft. Die Frauen werden als unpolitische Personengruppe behandelt, überwiegend in ihrer Rolle als Ehefrauen

Im Neustädter Stadtrat stellten die Nationalsozialisten 1931 die Mehrheit, vom Rathaus wehte die Parteifahne der der NSDAP

und Mütter gesehen. Sie erfüllen allenfalls Funktionen innerhalb eines noch festen gesellschaftlichen Gefüges: etwa als Verkäuferinnen, wie das Fräulein Lottchen Elsinger, Tochter des Einzelhändlers, und die Asselin, Ehefrau eines Gemüsehändlers, oder die unterprivilegierte, aber patent das Leben meisternde Waschfrau Emilia Detzert.

Aufschlussreich in Hinsicht auf die gesellschaftliche Differenzierung ist auch Sondermanns Schilderung der verschiedenen Damenkränzchen, die es in der Kleinstadt wohl noch immer gibt. Tagte „in den alten herzlosen Zeiten“ der Kranz der höheren, das heißt „akademischen Beamtendamen“ im Café Krüzinger, so trafen sich die „mittleren Beamtendamen“ bei Steininger. Auch „die Judenfrauen“ mochten „ja wohl ihr Kränzchen haben“, mutmaßt der Autor. Natürlich weiß er um dessen Existenz, geht aber nicht weiter darauf ein, obgleich das *Neustädter Anzeigeblatt* zum Beispiel im Jahr 1923 mehrfach davon berichtete, dass der jüdische Frauenverein Spenden gesammelt hatte zur Errichtung eines Kriegerdenkmals für die jüdischen Gefallenen auf dem Judenfriedhof in Diespeck.[36]

Eines haben diese verschiedenen Damenkränzchen gemeinsam: die Neugierde auf das, was im Städtchen sich ereignet, wer mit wem eine Liaison unterhält, wer welche Kleider trägt oder wer welchen Neigungen frönt. Diese und ähnliche Themen werden beim Kaffeeklatsch ausgiebig beschwatzt. Neid und Missgunst kommen dabei unverhohlen zum Ausdruck, sodass der Leser oftmals den Eindruck klischeehafter Darstellung gewinnt.

Um den Konflikt zwischen den beharrenden und den fortschrittlichen Elementen der Gesellschaft zu verdeutlichen, greift Sondermann wie schon in seinen früheren Werken auf Gegensatzpaare zurück: Eheleute, die sich bekriegen und versöhnen, Männerfreundschaften, die im Gespräch politische, theologische oder philosophische Fragen erörtern, Berufskollegen mit unterschiedlichen Politik- und Wertvorstellungen. Daneben treten einzelne starke, in sich ruhende Persönlichkeiten auf, gefestigte Charaktere, aber auch Opportunisten, die sich dem Zeitgeist anpassen und ihre früheren Überzeugungen verleugnen. Differenziert wird dieses zunächst sehr holzschnittartig gezeichnete Bild der bürgerlichen Gesellschaft durch die Darstellung innerer Kämpfe der Protagonisten und ihre charakterliche Weiterentwicklung.

Ein breites Panorama der kleinstädtischen Gesellschaft ergibt sich ebenfalls aus der Vielfalt der Figuren, seien es die Vertreter der Geistlichkeit, der Ärzte- und Beamtenschaft, hier insbesondere die der Lehrer, der Handwerker und Gewerbetreibenden oder der unterbürgerlichen Schichten, vor allem der Arbeitslosen.[37] Aus der Breite der im Roman vorkommenden Figuren ragen einige besonders hervor:

- Der fleißige Becken-Beck und seine arbeitsame Frau Nanni betreiben eine Bäckerei, ehe der Meister – ein impulsiver Wirrkopf – sich im Verlauf der Novemberrevolution von 1918 der Stadtpolitik zuwendet und dadurch sein Geschäft vernachlässigt. Als sozialdemokratischer Stadtrat versucht der politisch reichlich naive Handwerksmeister, gesellschaftliche Umgestaltungen zu erzwingen, verrennt sich u. a. in der Frage, ob in einem säkularen Staat Kreuze im öffentlichen Bereich aufgehängt werden dürfen. Nach einem tätlichen Angriff auf den geachteten Pfarrer Ernst, an dem der Meister sich mitschuldig fühlt, kommt er zur Einsicht und beendet seine politische Karriere sehr zur Erleichterung seiner frommen und unter seinen Eskapaden krank gewordenen Ehefrau, die nach langem Grämen nun in Frieden sterben kann.

- Wenige der Frauen tragen individuelle Züge, wie etwa Marie Scholter, die Frau des Oberregierungsrats, von ihren Mitbürgern auch „Mutter Maria“ genannt, eine Frau, die als der ruhende Pol ihrer großen Familie dargestellt ist, lebensklug und voll Verständnis für ihre Mitmenschen. Sie wird zur umsichtigen Ratgeberin für die zunächst oberflächlich und selbstsüchtig agierende Ehefrau Greta des Amtsgerichtsrats.

- Greta Hofelmann, die Frau des Amtsgerichtsrats Moritz Hofelmann, eine frustrierte Blondine, ein kleinstädtisches Abbild der Greta Garbo, dünkt sich als etwas Besseres und schaut hochnäsig auf die spießigen Mitbürger herab, deren männliche Exemplare sie durchaus bewundern. Nur der misanthropische Präfekt des Schülerheims widersteht ihren Reizen und weist sie auf die Leere ihres Seins hin. Mit der Hohlheit ihrer Existenz konfrontiert, gewinnt sie nach einer Lebenskrise ein neues Verhältnis zu ihrem Mann und ihrem kleinen Sohn, nimmt schließlich sogar einen verwaisten Neffen, einen Bauernjungen, bei sich auf. Ihr Mann, der sich zunächst nur um seine Ess- und Trinkgelage gekümmert hatte, wandelt sich im Verlauf der Ehekrise zum treusorgenden Familienvater, ehe der Geläuterte an Krebs stirbt.

- Dr. A. Krügler, Studiendirektor, Kriegsfreiwilliger im Großen Krieg, Offizier mit Kriegsauszeichnung – Eisernes Kreuz –, ein alter Kämpfer, Oberlandmitglied, NS-Sympathisant, ein Feind der Republik, wird von seinen Gegnern als „reaktionärer Hund" bezeichnet. Der korrekte Beamte predigt die Sehnsucht des deutschen Menschen „nach dem Reiche eines vollkommenen Menschentums", das frei ist vom „Un-Geist eines geldlüsternen Merkantilismus, wie man ihn den Engländern und Amerikanern zuschrieb".[38]

- Johannes, Präfekt im evangelischen Schülerheim, ein Theologe ohne Studienabschluss, ragt aus der Masse insofern heraus, als er – durch den Krieg in seinem Innersten erschüttert – selbstquälerisch nach Halt sucht: „ein verzweifelter Christ, ein Mensch, der mehr als unsereiner den Sinn und das Empfinden für die religiöse Not und Dürre unserer Zeit hat". Mit seinem langjährigen Freund und Gesprächspartner Robert, Sohn des Becken-Becks, der als Privatdozent im Universitätsbereich wirkt, führt er philosophische Gespräche von existenzieller Tiefe.[39]

- Der Kaufmann Elsinger und Lottchen, seine Tochter, betreiben einen kleinen, aber feinen Lebensmittelladen; sie hofieren ihre Kundschaft über die Maßen, denn sie empfinden es als Ehre, wenn die Damen der besseren Gesellschaft bei ihnen einkaufen.[40]

- Die „Kellerasseln", ein Gemüsehändler-Ehepaar, das einen kleinen Laden in einem Kellergeschoss betreibt und die sie umgebende Welt aus der Perspektive des Kellerlochs betrachtet: er als bequemer Beobachter, seine Frau als unterwürfiges Arbeitstier.[41]

- Der arbeitslose Willi Detzert und seine Gattin, die lebenstüchtige Waschfrau Emilia, die sich trotz großer finanzieller Not und eingeschränkter Lebensverhältnisse wacker durchs Leben schlagen; der findige Organisator bessert den kargen Küchenzettel der Familie durch kleinere Lebensmitteldiebstähle auf und illustriert dieses Tun mit flotten Sprüchen auf selbstgemalten Schildern.[42] Emilia meistert – ungeachtet der Eskapaden ihres arbeitslosen, nicht immer gesetzestreuen Ehemanns – die Familiensituation, auch als sich ein weiteres Kind ankündigt.

- Egon Börner, ein umtriebiger Zeitgenosse, ein dem Kommunismus nahestehender „Aufwiegler", legt die auf das Beharrende ausgerichteten Strukturen offen und treibt so die ängstlich agierenden Sozialdemokraten zu immer härterer Gangart an: „Er blies sich auf, er pumpte die Genossen Stadträte auf: es sei ein Skandal, daß die Reaktion Hausfriedensbruch begehen könne, ohne daß der vollgefressene Amtsgerichtsrat und der Bezirksamtmann, dieser Pfaffenknecht, auch nur einen Finger dagegen rühre."[43] Seine in äußerst ärmlichen Verhältnissen lebende Mutter wird geradezu als Prototyp der am Existenzminimum dahinvegetierenden Unterschicht dargestellt.

5. Der Autor und sein biografischer Hintergrund

Unverkennbar ist der Roman auch eine Auseinandersetzung des Autors mit seiner Biografie. Wie in allen seinen Werken fließen auch hier viele autobiografische Züge ein. Von den Umbrüchen der Zeit in seinem Innersten verunsichert, sucht der ehemalige Soldat den Sinn für seine Kriegsteilnahme. Im April 1914 war er als Medizinstudent zu dem damals üblichen halbjährigen Dienst beim Bayerischen 19. Infanterieregiment angetreten, sah sich aber nach Kriegsausbruch als Soldat zwangsverpflichtet. Bei einem ersten Einsatz als Infanterist verwundet, war er nach der Genesung während des gesamten Krieges in einer Sanitätskompanie tätig. Während der Wirren der Revolution und der weiteren Nachkriegszeit suchte er nach Lösungen „für die Probleme, die nach 1918 und schon während des Krieges aufbrachen".[44]

Unter dem Einfluss der Schriften des evangelischen Theologen und liberalen Politikers Friedrich Naumann (1860–1919) – vor allen durch das Studium von dessen Heften *Die Hilfe* – hatte sich der behütete Schüler und eifrige Student zum Homo Politikus entwickelt. Energisch lehnte er – beispielsweise in der Auseinandersetzung um die verwirrenden deutschen Kriegsziele der miteinander konkurrierenden Gruppen – jegliche Annexionspläne ab und setzte sich mit der sozialen Frage auseinander. Den Umsturz von 1918 hatte er zunächst bejaht und 1919 hatte er „zum Schrecken seiner Familie" sogar die Sozialdemokraten gewählt.

Wie viele Gleichgesinnte sah Sondermann dann aber in der völkischen Bewegung eine Möglichkeit, die Auswirkungen des Versailler Friedensvertrags und „die Entwicklung der Arbeiterfrage, die immer mehr zur Frage der Arbeitslosigkeit wurde", zu überwinden. Nachdem er sich im August 1923 auf dem *Deutschen Tag* in Neustadt a. d. Aisch von Hitler angesprochen fühlte, trat er „etwa im September 1923" der *NSDAP* bei, um sich „nicht allein als Einzelner zu verzappeln".[45] Bereits im Herbst jenes Jahres beteiligte Sondermann sich an den Vorbereitungen zum Hitlerputsch. Unerschrocken nahm er nach dessen Scheitern am 18. November 1923 an einer Tagung führender Nationalsozialisten in Coburg teil, auf der das weitere Vorgehen beraten wurde.[46] Nach dem Verbot der *NSDAP* wechselte er in die *Deutschen Arbeiterpartei*, der Nachfolgeorganisation der verbotenen NSDAP. Die erneute Mitgliedschaft in der *NSDAP* erstreckte sich von März 1933 bis September 1934.[47]

Im Mai 1924 nahm Sondermann – zum Zeitpunkt der Tagung auch DAP-Mitglied – an einer Konferenz zum Thema „Kirche und völkische Bewegung" auf Burg Hoheneck teil, wo er davon sprach, dass durch aktive Mitwirkung der Kirche unangenehme Typen in der Partei zurückgedrängt und ausgeschieden werden könnten. Hoheneck war 1921 von dem Münchner Verleger Julius F. Lehmann, einem der „Wegbereiter des Rassenwahns", aus Staatsbesitz erworben und teilweise wieder aufgebaut worden.

Sein Schwiegersohn, der Tierarzt Dr. Friedrich Weber, Bundesführer von Oberland und damals noch in Distanz zu Hitler stehend, hatte die mittelfränkische Burg durch Treffen mit Unterführern aus ganz Deutschland und hohen Offizieren der alten Armee zu einem „Mittelpunkt der Betätigung der Bewegung" gemacht.[48]

Auf dieser Tagung kam es zu einer ersten intensiveren Berührung Sondermanns mit dem *Bund Oberland*, dessen Leitung ihm – wie er in seinem Lebensrückblick betont – „im Gegensatz zu den Parteigrößen durch soldatische Zucht und Haltung angenehm auffiel".[49] Er fühlte sich weniger durch „die doch stets etwas schwimmenden politischen Ziele und Taktiken" als durch die menschliche Gemeinschaft angezogen.

Im *Bund Oberland* machten sich schon bald starke sozialistische Tendenzen bemerkbar, die zu einer Verbindung mit jungsozialistischen Kreisen führten. Innerhalb des Bundes bildeten sich zwei Flügel, der eine wanderte zur *NSDAP* ab, der andere setzte – wie auch der spätere Herausgeber der *Nürnberger Nachrichten* Dr. Joseph Drexel schrieb – seine konsequent sozialistische, stark russenfreundliche Politik fort. Zu letzterem Flügel zählte auch Dr. Sondermann.[50]

In das Frühjahr 1924 fällt der Beginn der politischen Tätigkeit des inzwischen im ganzen Umland geachteten Emskirchner Arztes. Wie viele andere „tüchtige und vernünftige Männer" fing er an, sich politisch zu engagieren. So bot er in verschiedenen Wirtsstuben seines Arztsprengels – den er mit dem Fahrrad abfuhr – politische Leseabende an mit sozialkritischen Themen, und er hielt Vorträge in der Überzeugung, „dies sei die letzte Möglichkeit, Deutschland zu retten".[51] Seine Reden, die er seiner späteren Erinnerung nach als aus der Not des Tages geborene Auseinandersetzung mit der Nachkriegszeit bezeichnete, waren mehr religiös-philosophischen als politischen Inhalts.

Rückblickend auf sein Leben spricht Sondermann selbstkritisch davon, dass ihm in jener Zeit das bei seinen Vorträgen entgegengebrachte Zutrauen der Zuhörer und seine wachsende Popularität „vernebelnd zu Kopf" gestiegen seien. Eine Zeitlang habe er sogar überlegt, die Politik – das „Feuer, das heller in mir brannte, mehr als meine Berufung zum Arzt" – zu seinem Hauptberuf zu machen. Dies auch unter dem Aspekt, Hitler mit anderen Gleichgesinnten „ordentliche Mitarbeiter" zu verschaffen, um die vielen zweifelhaften Elemente in dessen Umkreis – die „Narren, Schweine und Taugenichtse" – zu paralysieren, zu denen er auch den monomanischen Judenhasser Julius Streicher als „einen der übelsten" zählte.[52]

Das hielt ihn jedoch nicht davon ab, sich selbst ebenfalls aktiv an der Verbreitung antisemitischen Gedankengutes zu beteiligen, wie neben seinen Schriften auch aus der Chronik der NSDAP-Ortsgruppe Neustadt hervorgeht, auch wenn er selbst den Begriff Antisemitismus für seine Sicht der Dinge entschieden ablehnt.[53] So hielt er im Reichstagswahlkampf im Frühjahr 1924 – als die *NSDAP* verboten war und Hitler in Landsberg einsaß – in Neustadt zwei Vorträge vor den Mitgliedern der als Ersatz für die verbotene NSDAP neu gegründeten Deutschen Arbeiterpartei: am 11. März im Gasthaus Zur Sonne zum Thema „Völkisches Denken" und am 4. April über „Die Judenfrage".[54] Dabei legte er dar, dass das alte Denken „der Grund unseres Unglücks" sei und dass dieses durch ein „volksorganisches" ersetzt werden müsse, ohne auf Kompromisse mit den alten Parteien einzugehen; vielmehr setzte er auf Hitlers harte Linie gegenüber den Juden.[55]

In seinem im Herbst 1924 erschienenen Werk *Der Sinn der völkischen Sendung* geht Sondermann in einem eigenen Kapitel – „Die Judenfrage" – auf das seiner Meinung nach bestehende dringende Bedürfnis ein, eine „planvoll-zweckmäßige Abwehrbewegung" gegen den jüdischen Einfluss in Politik und Justiz, Wissenschaft und Wirtschaft, Nachrichtenwesen und Kultur zu entwickeln. Dies solle nicht durch Gewalt erreicht werden, sondern durch die sittliche Kraft der völkischen Bewegung: „Juda ist von ihr durchschaut und wird von ihr durch ihre sittlichen Kräfte in seine Schranken gewiesen werden; wir wollen uns gar nicht rächen für all das Unselige, was uns dies Volk im Laufe des letzten Jahrhunderts angetan hat (welche Strafe wäre denn auch hoch genug für diese Untaten), im Gegenteil, wir wollen ihnen das geben, was sie uns Nichtjuden aus einem tiefen Hassen heraus nicht zubilligen wollen: die Menschenrechte! Aber eines wollen wir ihnen nehmen, was für sie doch immer nur Mittel war, uns zu bedrücken und zu beherrschen: die Bürgerrechte! Sie haben das Vertrauen, das man ihnen – törichterweise – bei ihrer Emanzipation vor über hundert Jahren entgegenbrachte, mehr als mißbraucht! Die Liebe zu unserem Volke zwingt uns dazu, die Forderung vor aller Welt zu erheben: Wohl Menschenrechte, aber keine Bürgerrechte den Juden!"[56]

Sondermann sieht es als Aufgabe der völkischen Bewegung, den Einfluss der Juden, „die sich mehr oder minder unter der Maske des Deutschtums verstecken", einzudämmen und die „natürliche Ordnung" durch Korrektur der Fehlentwicklung wieder herzustellen: „Es gehört schon die ganze Verbildung des modernen Deutschen dazu, dieses nicht als einen naturwidrigen Zustand zu erkennen, sondern zu behaupten, die völkische Bewegung wolle mit dem – was in Wahrheit die Wiederherstellung der natürlichen Ordnung ist – einen unnatürlichen, ungerechten Zustand schaffen. – Nein, jeder, der noch deutsch ist und deutsches Wesen wah-

Hitlers Zelle in der Haftanstalt Landsberg am Lech, eine touristische Attraktion, aufgesucht auch von Neustädter Parteigenossen (Postkarte, abgestempelt 1934)

ren will, kann sich dieser Forderung der völkischen Bewegung nicht verschließen."[57]

Auch wenn Sondermann seine Mitbürger auffordert, die Durchsetzung dieser Forderung zu unterstützen – „Liebst du dein Volk, so hilf mit, diese Forderung zu verwirklichen" –, so wendet er sich doch scharf gegen jede Form von „Radau"-Antisemitismus, gegen das seiner Meinung nach „oft widersinnige Schreien und Treiben der Antisemiten".[58]

Bei einem seiner Vorträge in dem Arbeiterdorf Wilhelmsdorf bei Emskirchen, in dem die Arbeitslosigkeit infolge der Wirtschaftskrise besonders hoch war, kam es zu einer Diskussion darüber, wie „ehrlich" es Hitler mit seinen Thesen meine und ob man ihm „trauen" könne. Sondermann versprach etwas übereilt – „aus eigener Verzweiflung und Übermüdung nach einem langen Praxistag" – den Arbeitern, persönlich nach Landsberg zu fahren, um diesen Mann genau zu prüfen. Wenn „Hitler ein Schwindler" sei, so der Redner, „dann erschieße ich ihn".[59]

Sondermann hielt sein Versprechen, schloss seine Praxis in Emskirchen für zwei Tage und fuhr zusammen mit dem Gesinnungsgenossen Ritter von Bolz, Zollinspektor in Nürnberg, nach Landsberg, wo sie am 30. April 1924 die Sprecherlaubnis, zunächst nur für Dr. Friedrich Weber, den Führer des Bundes Oberland, erhielten.[60] Wenig später stieß auch Hitler zur Gesprächsrunde hinzu.

Sondermann zeichnet in seinen Erinnerungen ein bemerkenswertes Psychogramm des verurteilten Putschisten. Der nach Antwort auf seine Fragen suchende Arzt trug Hitler seine Vorbehalte gegen die radikalen Elemente in der Partei vor, wurde von diesem aber rasch unterbrochen und zurechtgewiesen: „Solange Streicher die Macht in Franken hat, erkenne ich ihn an, erringen Sie die Macht – nun gut ... Der Mann ist der größte, der sich Macht schaffen kann."[61]

Nach dieser unmissverständlichen Offenlegung seines auf Machtsicherung ausgerichteten Strebens steigerte sich Hitler „in Lautstärke und Emotion, als säßen tausend Menschen vor ihm im Zimmer, sprach von seinen Plänen und Zielen". Die beiden Besucher empfanden Ernüchterung und Bestürzung, denn Hitler hatte „keinerlei Fragen, wollte nichts wissen, zeigte keinerlei Gespür für moralische Gewichte, er hörte nur sich, berauschte sich an seinen Worten, bis der Beamte sich erhob, damit die Sprechstunde beendete".[62]

Die beiden fränkischen Parlamentäre waren sich hinterher einig, nicht nur einen „Schwindler", sondern einen „Besessenen" erlebt zu haben. „In der schäumenden Erregung, mit welcher er seine Darlegungen brachte, war ein Element unüberwindlicher Durchschlagskraft, hier war kein Zweifel – hier hatte einer eine, seine Sendung, die er unheilvoll gegen alle Welt durchführen würde, wenn er am Leben bliebe! Nun galt es also zu handeln – aber hier endet – bei aller Düsterkeit und Bestürzung unserer Situation – wohl einer der ersten Attentatspläne gegen diesen Mann im Komischen."[63]

Zur beabsichtigten Tat, zum „Tyrannenmord", hatte es nicht kommen können, wie der von Hitler Enttäuschte rückblickend resümiert: hatte er doch seine mitgeführte Pistole – gegen Empfangsbescheinigung – beim Eintritt in das Gefängnis beim Pförtner abgegeben. Ehrlich bleibend gegenüber sich selbst bezweifelt er, ob er trotz „des Gefühls bitterster Enttäuschung über diesen Menschen" den Mut aufgebracht hätte, Hitler zu erschießen. Das Ergebnis dieser Landsberger Reise, so schreibt Sondermann weiterhin, war sein „formeller Anschluss" an den *Bund Oberland*: „Das Reich war krank, es bedurfte der Hilfe."[64]

Die Zusammenarbeit mit dem von ihm als asketisch zurückhaltend empfundenen Oberlandführer Dr. Friedrich Weber, den er als Gegenbild zu Hitler beschreibt, führte dazu, dass die von Sondermann bisher für einen kleinen Kreis verfassten Eckartbriefe – gedruckt unter dem Titel *Das Dritte Reich* – als Zeitschrift des Bundes unter der Losung „für Freiheit und Gemeinschaft" erschienen. Nach Ansicht Sondermanns bot es „vielen jungen Menschen

Im Jahr 1934 trat Sondermann als Sanitätsoffizier in die Reichswehr ein, leitete verschiedene Sanitäts- und Ausbildungskompanien in Oberbayern, Franken, Polen, Frankreich, Ostpreußen und Dänemark

eine geistige Heimat in dem Durcheinander der Ideen und Parteien, trotz des Sogs, mit dem die stärker werdende Hitlerpartei auch dem so fest gefügten Bund gefährlich wurde: es bestand die Gefahr, daß die SA seine Männer einfach übernahm. Wir aber wollten eine Stärkung dieser Rabaukenbande nicht, und so zogen wir es vor, 1929 den Bund in einer Sitzung offiziell aufzulösen … den einzelnen seines Weges ziehen zu lassen. So ist ein Teil – besonders die Münchner – zur Hitlerpartei gegangen, ein kleinerer Teil schloss sich der Widerstandsgruppe Niekisch's an und geriet damit in scharfen Gegensatz zu Hitler."[65]

In der zweiten Hälfte der 1920er-Jahre wendete sich Sondermann wieder verstärkt der schriftstellerischen Arbeit zu. Es folgen mehrere Romane: *Wir wandern alle unseren Weg* (1928), *Der Toten Werk* (1930), *Das Rentendorf* (1932); alle drei Bände erschienen im Verlag Cotta, Stuttgart. Um im nationalsozialistischen Deutschland weiter publizieren zu können, benötigte Sondermann die Zustimmung der Reichsschrifttumskammer; diese war verbunden mit der Aufnahme des Autors in die Kammer. Sondermann beantragte am 22. Januar 1934 die Aufnahme in den Reichsverband Deutscher Schriftsteller e. V. für die Fachschaft Erzähler und als Gast für die Fachschaft Bühne.

1938 bemühte sich Sondermann um die Genehmigung zur Veröffentlichung seines Romans *Türme über der Stadt*. In dem Antrag vom 15. Dezember 1938 werden neben den bisher veröffentlichten drei Romanen auch die politisch motivierten Werke angegeben:

- 1924: *Der Sinn der völkischen Bewegung*, erschienen im Verlag Lehmann, München
- 1927: *Von der kommenden Revolution*, Verlag Das Dritte Reich (Heft 2 des Oberlandkreises Nürnberg)
- 1931: *Bevölkerungskrise als biologische Folge einer Bewußtseinswandlung innerhalb des deutschen Volkes*, Widerstandsverlag, Berlin.

Auf die Frage, in welchen Zeitungen und Zeitschriften er arbeite, gibt Sondermann an, für den *Völkischen Beobachter*, *SA-Mann* und *Aufwärts* zu arbeiten. Als Bürgen, die erschöpfende Auskunft über sein Schreiben geben könnten, werden Oberpräsident a. D. August Winnig, Potsdam, und Dr. Friedrich Weber, München, genannt.[66] Über die politische Zuverlässigkeit des Antragstellers konnte dem Antrag zufolge nach Auskunft des Landeskulturwalters Gau Franken „nichts Nachteiliges in Erfahrung gebracht werden".[67]

Dessen ungeachtet hatte die zeitweise linksorientierte Einstellung Sondermanns bereits 1937 das Aufsehen der Gestapo erregt. Im Zusammenhang mit der Verhaftung seines Emskirchner Schwagers Willi Bauer und des Freundes Dr. Joseph Drexel war auch gegen Sondermann ermittelt worden. Da er „an verschiedenen illegalen Zusammenkünften teilgenommen" hatte, drohte auch ihm die Verhaftung: „Lediglich der Verschwiegenheit der Kameraden ist es zu verdanken, daß Sondermann nicht in Haft genommen wurde." Umgekehrt hatte auch Sondermann keinen seiner Kameraden verraten: „Bei allen Vernehmungen hat sich Sondermann als ein aufrechter und verschwiegener Mensch bewiesen und uns keinerlei Schwierigkeiten verursacht."[68]

Mit der positiven Auskunft des Landeskulturwalters war der Weg frei zur Veröffentlichung seines Romans über den Aufstieg der nationalen Bewegung in der Kreisstadt Neustadt a. d. Aisch, der Hochburg des Nationalsozialismus im westlichen Mittelfranken. Das in dem Neustadt-Roman dargestellte Zeitbild aus den Anfangsjahren der Weimarer Republik stellt eine verklärte Sicht auf das Wirken und Wollen, die Aktivitäten und Ziele des *Bundes* Oberland und der NSDAP-Ortsgruppe dar. Noch waren die Gemeinsamkeiten zwischen den beiden Gruppierungen so groß, dass sie Gegensätze überbrückten.[69] Verbindend hatte zudem das Verbot beider Organisationen nach dem Novemberputsch 1923 gewirkt. Sondermann spricht von „gemeinsamem Schicksal in schwerer Zeit".

In der Zeitschrift *Das Dritte Reich* hatte der geistige Vorkämpfer des Bundes noch 1927 dargelegt, dass „ideenmäßig uns die nationalsozialistische Bewegung besonders nahe" stehe.[70] Mit dem weiteren Erstarken des Nationalsozialismus sah Sondermann die von ihm und dem *Bund Oberland* vertretenen Ideale immer stärker gefährdet. Mit Sorge beobachtete er, wie seine ehemaligen Kameraden dem Sog der Hitlerpartei erlagen. Um nicht tatenlos zusehen zu müssen, wie eine Gruppe nach der andern geschlossen übertrat, plädierte er für die Auflösung des *Bundes*: „Auch für den bis jetzt so fest gefügten *Bund* ... bestand die Gefahr, daß die SA seine Männer einfach übernahm. Wir wollten aber eine solche Stärkung dieser Rabaukenbande nicht, und so zogen wir es vor, 1929 den *Bund* in einer Sitzung offiziell aufzulösen."

In der Folgezeit trat ein Teil der Oberländer – besonders der Münchner, unter ihnen auch Dr. Friedrich Weber – zur Hitlerpartei über. Ein kleinerer Teil, darunter Sondermann, Dr. Joseph Eduard Drexel und Karl Christoph Tröger – unterstellte sich als Oberlandkameradschaft geschlossen dem Nationalbolschewisten Ernst Niekisch. Diese Widerstandsgruppe um Niekisch grenzte sich deutlich ab von Hitler und seiner Bewegung. Sondermann wurde nun Mitarbeiter an dem Monatsblatt *Der Widerstand*, ehe er 1934 „aus vielerlei Gründen" als Militärarzt zur Reichswehr ging; dort sei die Luft noch „hitlerfrei" gewesen, schreibt er in seinen in der Nachkriegszeit verfassten „Besinnungen".[72]

Zwei Neustädter Ärzte folgten dem Beispiel ihres Emskirchner Kollegen Dr. Gustav Sondermann und traten ebenfalls in die Reichswehr ein:

- Dr. Günther Löwe (geb. 1897), ursprünglich Mitglied der NSDAP, war 1935 ausgetreten und hatte der Hochburg Neustadt am 2. Februar 1935 den Rücken gekehrt, seine Frau und die Familie folgten ihm am 15. Februar 1935 nach Meiningen.[73]

- Zwei Jahre später übergab auch Dr. Erich Distel (1895–1981), der von den Neustädter Nationalsozialisten als „Judenarzt" angefeindet worden war, seine Praxis an Dr. Wilhelm Pfeiffer, verließ Neustadt ebenfalls und trat in die Reichswehr ein.[74] Dr. Distel kehrte am 28. Dezember 1948 aus russischer Kriegsgefangenschaft nach Neustadt zurück, kämpfte lange um seine Wiederzulassung, verstarb hochgeachtet am 31. Oktober 1981 in Neustadt a. d. Aisch.

Sicherlich spielte die Gefährdung durch seine Mitgliedschaft in einer der ersten Widerstandsbewegungen – dem Niekisch-Kreis – bei Sondermanns Entscheidung eine wesentliche Rolle, wie er sich später eingestand: „Erst vor kurzem (1970) erkannte ich dies in einem Gespräch mit Freunden. Und so wurden Ingolstadt – Erlangen – Polenfeldzug – Frankreichfeldzug – Ostpreußen – Dänemark die Stationen meiner Militärlaufbahn."[75]

Die Entwicklung der bundesdeutschen Nachkriegsgesellschaft betrachtete er mit kritischen Augen. Obgleich er beim Aufbau des Sanitätswesens der Bundeswehr eine wichtige Rolle spielte, stand er dem Staat und der Bundeswehr im Herbst 1969 ablehnend gegenüber: „... nichts von irgend einer Hoheit, dafür doch ab und zu den Geruch der Korruption ... Und so sieht es doch in letzter Zeit so aus, als könnte ihn ein Haufen rüder, unappetitlicher Studenten unter geringer eigener Gefahr aus den Angeln heben ... es ist ja nirgends ein aufflackernder Widerstandswille gegen diese üblen Haufen, ein Selbsterhaltungswille dieses Staates zu beobachten. Freilich – dieser Staat ist uns – wie die erste Demokratie – vom Feinde verordnet, sein Grundgesetz ist ein Produkt unter dem Schock stehender Geister, also einem anormalen psychischen Zustand entsprungen, die Mehrheit ist nur noch auf Verdienst und Konsum aus – wer sollte diesen Staat noch verteidigen? Etwa diese Bundeswehr, die sich nach den Worten des jetzigen Bundespräsidenten ‚selbst in Frage stellen muß'".

In diesen Worten bewahrheitet sich, was sein zeitweiliger Weggefährte Ernst Niekisch in dessen Lebenserinnerungen über Gustav Sondermann aussagte: „Dr. Gustav Sondermann ... war einer jener Menschen, die kein Talent dazu haben, glücklich zu sein. Immer bewegte er sich am Rande der Schwermut, alle Dinge nahm er übermäßig ernst, und unausgesetzt schlug er sich mit Problemen herum, die ihm sein Innerstes zerrissen."[76]

6. Rezeption des literarischen Werkes von Sondermann

Als Sondermanns Schlüsselroman *Türme über der Stadt* 1938 erschien, war der Arztschriftsteller bereits ein weithin bekannter und von seinen Lesern geschätzter Autor. Allerdings lag der Höhepunkt seiner schriftstellerischen und publizistischen Arbeiten schon fast ein Jahrzehnt zurück. Nach dem Eintritt in die Reichswehr war die schriftstellerische Tätigkeit in den Hintergrund getreten. Zudem hatte sich der Autor in den Augen der örtlichen Parteiführer der politischen Unzuverlässigkeit schuldig gemacht und sich 1937 vor der Gestapo verantworten müssen. Jeder aufmerksame Leser des Romans musste erkennen, dass Sondermanns Werk zwar die Grundzüge der völkischen Bewegung und die Ideale der völkischen Sendung pries, mit der späteren Entwicklung unter dem Diktat der *NSDAP* jedoch nichts gemein hatte. Dies erklärt auch die geringe öffentliche Resonanz in der Stadt, die seinem Roman als Bühne dient. Es ließ sich keine Zeitungsnotiz über das Erscheinen und auch keine Besprechung im *Neustädter Anzeigeblatt* von Sondermanns opulenter Schilderung der Stadt und ihrer Menschen in den ersten Jahren der Weimarer Republik finden.[77] Innerhalb eines Jahrzehnts war Sondermanns Stern wie ein Komet am fränkischen Autorenhimmel aufgestiegen, dann aber wie eine Sternschnuppe rasch verglüht.

Erinnerungsmarsch der SA zum 15-jährigen Bestehen der Ortsgruppe der NSDAP 1938 durch die geschmückte Würzburger Straße

Wenige Menschen erinnerten sich nach dem Zweiten Weltkrieg an Gustav Sondermanns schriftstellerischen Ruhm. Heute wird sein Werk vielfach als Trivialliteratur abgetan. Gewiss handelt es sich um zeitgebundene Literatur, denn Sondermann behandelt schwerpunktmäßig die Themen, die die Menschen nach dem Ersten Weltkrieg bewegten. Doch neben aller Zeitgebundenheit finden sich die Zeit überdauernde existenzielle Fragestellungen, die auch Menschen von heute noch ansprechen und bewegen können.

Zwei Jahre nach der Heimkehr aus dem Ersten Weltkrieg – dem Jahr des Abschlusses seines Medizinstudiums und der Niederlassung als Landarzt in Emskirchen im Bezirksamt Neustadt a. d. Aisch – waren im Jahr 1920 in der Bücherei der *Münchner Jugend* im Verlag G. Hirth zwei erste Erzählungen des Autors unter dem Obertitel *Eigenbrötler – Handelt von komischen Leuten* erschienen: zwei kurze Charakterskizzen über die originelle Art der Kontaktaufnahme und der Freizeitgestaltung eines Junggesellen namens Rosen.

In den folgenden Jahren trat die politische Komponente des Autors stärker hervor. Sondermanns schriftstellerisches Werk ist geprägt von seinen Erlebnissen und Erfahrungen als Sanitätssoldat im Ersten Weltkrieg und den sich anschließenden gesellschaftlichen, wirtschaftlichen und politischen Umbrüchen der Revolutionszeit, von der Suche nach Stabilität und nach einer verlässlichen Ordnung, die er in der Pluralität der Weimarer Demokratie nicht finden kann. Hier sieht er sich in völliger Übereinstimmung mit der Mehrheit seiner Leser.

In Erzählungen, Romanen und theoretischen Abhandlungen legt er seine Sicht der Gegenwart dar, fordert das Engagement vom Leser, das er selbst auch erbringt. So greift er die Not der Zeit in kleinen Veröffentlichungen auf, die er auf einem eigens beschafften Vervielfältiger unter Mithilfe seines Schwagers Willi Bauer selbst herstellt und verteilt. In zwei Nummern der Zeitschrift *St. Michael – ein Blatt christdeutscher Wandervögel* –, herausgegeben von seinem Schwager Willi Bauer in Gemeinschaft mit Adolf Schwappach, gedruckt bei Tuffentsamer & Grätz in Gunzenhausen – legt er seine Ideen einer Gesundung Deutschlands zu den Themen Volksorganisches Denken, Buße, Opfer und Erziehung dar. In zwei Artikeln unter der Rubrik *Rundschau* zeichnet er ein düsteres Bild der Gegenwart, zeigt die Gefahren auf, die von Amerika, von Asien und Afrika bzw. vom Islam auf Europa einstürzen und nur durch Wiedererweckung der Christenkirche gebannt werden können:

Neustadt a. A., 10. Dez. (Gustav-Sondermann-Abend: Sonntag, 11. Dez., abends 8¼ Uhr im Löwensaal.) Der Volksbildungsausschuß hat sicherlich recht daran getan unseren Landsmann und nächsten Nachbarn, Herrn Dr. Gustav Sondermann-Emskirchen, zu bitten auch uns einmal einige Zeit zu schenken, indem er uns aus seinen dichterischen Werken vorliest. Nicht nur daß er von früher her, als er noch aktiv politisch tätig war, hier eine zahlreiche Gefolgschaft hatte und bei vielen noch in geachteter, anhänglicher Erinnerung steht: was lag näher, als daß der Dichter Sondermann, der Dichter unserer fränkischen Heimat (eine bedeutende Zeitung nannte ihn den besten der lebenden fränkischen Dichter), auch in Neustadt einmal zu Wort kommt, so wie er anderwärts spricht? Es will uns sogar scheinen, daß es eine selbstverständliche Ehrenpflicht war ihn zu uns zu bitten, damit das böse Urteil nicht über uns gefällt werde: „Der Prophet gilt nichts in seinem Vaterland." Oder sollten nicht auch wir uns freuen, wenn unseres Landsmanns Sondermann dichterischen Werke, seine fränkischen Werke sozusagen, allenthalben in Deutschland bekannt sind, wenn sie beste Beurteilungen in Danzig, Berlin, Hamburg finden genau so wie Nürnberg oder München? Oder sollten wir nicht lauschen auf das, was der mitfühlende Mensch, der ernstringende Denker und der suchende Christ Sondermann uns zu sagen hat? Der Mann, dem die deutsche Not in jeder Form, die politische, die soziale, die sittliche, die religiöse, mehr wie anderen in die Seele brennt und der ihr einen hervorragend künstlerischen Ausdruck zu verleihen vermag? — Sondermann wird morgen abend aus seinem neuen Roman „Das Rentendorf" ein packendes Stück vorlesen, ferner eine seiner erschütternden Kriegsnovellen und schließlich eine erst kürzlich entstandene, noch nicht veröffentlichte reizende heitere Skizze „Herr Anton Schnark kriegt tausend Mark", welche also die hiesige Oeffentlichkeit die Ehre hat zuerst kennen zu lernen. Möge ein voller Saal ihm seinerseits die Ehre geben, die ihm gebührt (wie viele solche Männer wie Sondermann hat denn unsere Heimat aufzuweisen?)! Mögen alle die kommen, welche die Heimat lieben; alle, die gutes Schrifttum schätzen; mögen die alten Soldaten kommen und die Jugend, die für Heldentum noch etwas empfindet; mögen alle Volksgenossen kommen, die um die deutsche Not wissen und leiden und auf ein neues Deutschland hinarbeiten; möge nicht zuletzt auch der einfache Mann kommen, für den Sondermann insbesondere empfindet und — kämpft! K.

Ein Zeitungsbericht im Neustädter Anzeigeblatt berichtet von einer Lesung Sondermanns und nennt ihn in Anlehnung an eine bedeutende Zeitung den besten der lebenden fränkischen Dichter

„Christus, der Herr – der ist unsere letzte Heimat, unsere tiefste Kraftwurzel – aus ihm ein wahres gesegnetes Menschentum empfangen und dieses Menschentum in einer heißen Liebe an sein Volk verschenken – das ist die Rettung, der Weg, den der neue deutsche Mensch zu seines Volkes Heil zu gehen hat."[78] Sondermanns zeitkritische Analysen und politische Betrachtungen, niedergelegt in den Eckartbriefen, dann in den Zeitschriften Das *Dritte Reich* oder *Der Widerstand* fanden weithin Beachtung. Die *Eckartbriefe* avancierten zum offiziellen Mitteilungsblatt des *Bundes Oberland*.[79] Seine Schrift *Der Sinn der völkischen Sendung*, 1924 bei Julius F. Lehmann in München erschienen, wurde zu einer Art „Katechismus der völkischen Idee", wie Ernst Pöhner, der Münchner Polizeipräsident, urteilte: „Jeder, der sich völkisch nennt und in unserer Bewegung tätig ist, müsste es nicht nur gelesen haben, sondern eigentlich auswendig lernen und – beherzigen."[80]

Nach Ansicht des Münchner Polizeipräsidenten Ernst Pöhner der „Katechismus der völkischen Bewegung", Sondermanns Schrift „Der Sinn der völkischen Sendung" aus dem Jahr 1924

In seinem Roman-Erstling *Wir wandern alle unsern Weg* – 1928 in der J. G. Cottaschen Buchhandlung Nachf. Stuttgart und Berlin erschienen – schlägt der Autor sein Generalthema an: die Suche nach dem richtigen Lebensweg. Sie wird dargestellt am Beispiel eines jungen Pfarrers, der den Beruf aufgibt und Bauer wird, bald aber erkennen muss, dass das, was ihm als Freiheit erschien, Täuschung, und das, was er für Tapferkeit hielt, Betrug war, so dass er von vorn beginnen muss. Verhaltene Schilderungen der fränkischen Landschaft, sparsame und doch kräftige Darstellung der Menschen dieser Landschaft heben diesen Roman über die Ebene der bloßen Unterhaltungsliteratur hinaus.[81]

In dem Kriegsbuch *Der Toten Werk*. Fünf Novellen vom Tod zum Leben (Cotta, Stuttgart 1930) setzte er sich mit den Erfahrungen des Großen Krieges auseinander. Dem Leser wird die Möglichkeit gegeben, den Krieg aus der Sicht des Sanitäters – „wie er war und was er war" – verstehen zu lernen: „Sondermann setzt sich in den Novellen mit dem Erlebnis des Krieges auseinander, und er tut dies mit heiligem Ernst."[82] Von den Folgen des Krieges berichtet am Beispiel dreier Schicksale das ebenfalls bei Cotta erschienene Werk *Das Rentendorf* (1932).[83]

Porträtskizze Sondermanns von seinem Schwager Willi Bauer, um 1970

Von einem „neuen fränkischen Namen" der Literaturlandschaft spricht der Rezensent der *Fränkischen Monatshefte* in der Dezemberausgabe des Jahres 1928 anlässlich einer Besprechung von Sondermanns Roman *Wir wandern alle unsern Weg*. Der *Fränkische Kurier* sieht in dem Werk „die starke und tiefe Talentprobe eines vielversprechenden jungen Dichters", während der Literaturkritiker der *Deutschen Tageszeitung* in Berlin den Autor als „Bekenner und Dichter zugleich" charakterisiert, eine Bewertung, die auch vom *Hamburger Fremdenblatt* geteilt wird. Wobei neben dem „hohen sittlichen Ernst des Werkes die hohe formale Vollendung, die alle Register des Ausdrucks beherrschende Kunst der Darstellung" hervorgehoben wird.[84]

Anlässlich einer Lesung aus dem Roman *Das Rentendorf*, die anfangs Dezember 1932 in Neustadt im Löwensaal stattfand, wird im *Neustädter Anzeigeblatt* auf den verblassenden Ruhm des Autors vor Ort und die Wertschätzung außerhalb seiner fränkischen Heimat hingewiesen: „Nicht nur daß er von früher her, als er noch aktiv politisch tätig war, hier eine zahlreiche Gefolgschaft hatte und bei vielen noch in geachteter, anhänglicher Erinnerung steht: was lag näher, als daß der Dichter Sondermann, der Dichter unserer fränkischen Heimat (eine bedeutende Zeitung nannte ihn den besten der lebenden fränkischen Dichter) auch in Neustadt einmal zu Wort kommt … damit das böse Urteil nicht über uns gefällt werde [Der Prophet gilt nichts in seinem Vaterland]."[85]

Ein letzter Roman erschien 1943 im Verlag Holzwarth & Berger in Wien, als er in der österreichischen Hauptstadt eine Ausbildungs- und Lazarettkompagnie leitete: *Der Dombaumeister*.[86]

Sein schriftstellerisches Credo äußert Gustav Sondermann in einem Brief an Ernst Jünger, wenn er dessen Roman *In Stahlgewittern* als wegweisend für die Auseinandersetzung mit dem Ersten Weltkrieg bezeichnet. Diese *Kriegsliteratur* soll „künstlerisch als Dichtung, weltanschaulich als Bekenntnis und Wegweisung" auftreten; sie verlange vom Autor „stärkste aktive Seelenhaltung und eigene geistige Mitarbeit".[87]

All dies findet sich in Sondermanns Schriften in reichem Maße. Auch wenn sie primär aus der Zeit heraus zu sehen sind, zeigen sie bestürzende Parallelen zu heutigen Entwicklungen.

7. Literatur

Binder, Werner P., Burg Hoheneck war ihr Zentrum. Braune Zeiten (1): Schriftsteller im Zeichen von „*Bund Oberland*", in: Aysch bringt rote Pfaffenhütlein. Literarische Landschaft zwischen Steigerwald und Frankenhöhe, Nürnberg 2015, S. 104–110.

Fleischmann, Peter, Hitler als Häftling in Landsberg am Lech 1923/24. Der Gefangenen-Personalakt Hitler nebst weiteren Quellen aus der Schutzhaft-, Untersuchungshaft- und Festungshaftanstalt Landsberg am Lech, Neustadt a. d. Aisch 2015.

Hambrecht, Rainer, Geschichte im 20. Jahrhundert: Die Bezirksämter/Landkreise Neustadt a. d. Aisch, Scheinfeld und Uffenheim 1919–1972, in: Landkreis Neustadt a. d. Aisch - Bad Windsheim, Scheinfeld 1982.

Jünger, Ernst, Politische Publizistik 1919 bis 1933. Klett-Cotta Stuttgart 2001.

Kittel, Manfred, Provinz zwischen Reich und Republik: Politische Mentalitäten in Deutschland und Frankreich 1918–1933/36, Oldenburg-Verlag, München 2000.

Mück, Wolfgang, Mitten in Franken: Neustadt an der Aisch. Politisches, wirtschaftliches und kulturelles Zentrum im Aischgrund (Veröffentlichungen der Gesellschaft für fränkische Geschichte: Reihe 13, Neujahrsblätter; H. 42), 2. erw. Auflage, Neustadt a. d. Aisch 2001.

Mück, Wolfgang, Jüdisches Leben in Neustadt a. d. Aisch – ein geschichtlicher Abriss, in: Streiflichter aus der Heimatgeschichte des Geschichts- und Heimatvereins Neustadt a. d. Aisch e. V., 31. Jg. / 2007, S. 31–82.

Mück, Wolfgang, NS-Hochburg in Mittelfranken. Das völkische Erwachen in Neustadt a. d. Aisch 1922–1933 (Sonderband 4 der Streiflichter aus der Heimatgeschichte, Geschichts- und Heimatverein Neustadt a. d. Aisch e. V.), 4. erw. Auflage, Neustadt a. d. Aisch, 2017.

MÜNKLER, Herfried, Der Große Krieg. Die Welt 1914–1918, Berlin 2013.

NIEKISCH, Ernst, Gewagtes Leben. Begegnungen und Begebnisse, Köln und Berlin 1958.

Oberland. Ziele und Wege des Bundes Oberland e. V., Verlag des Bundes Oberland e. V., München 1926.

SONDERMANN, Gustav, Umschau, in: St. Michael – ein Blatt christdeutscher Wandervögel, 2. Blatt, Gunzenhausen Christmond 1924.

SONDERMANN, Gustav, Der Sinn der völkischen Sendung, München 1924.

SONDERMANN, Gustav, Von der kommenden Revolution, Verlag Das Dritte Reich, Nürnberg 1927.

SONDERMANN, Gustav, Der Toten Werk. Fünf Novellen vom Tod zum Leben, J. G. Cotta'sche Buchhandlung Nachfolger, Stuttgart und Berlin 1930.

SONDERMANN, Gustav, Das Rentendorf, J. G. Cotta'sche Buchhandlung Nachfolger, Stuttgart und Berlin 1932.

SONDERMANN, Gustav, Türme über der Stadt, Wichern-Verlag, Berlin 1938.

SONDERMANN, Gustav, Gustav Sondermann, in: Therapie der Gegenwart, Monatsschrift für praktische Medizin, Heft 2 / Februar 1973, S. 306–319.

SONDERMANN, Gustav, Besinnungen über das VATER UNSER mit zeitkritischen und autobiographischen Einflechtungen, Emskirchen 1968 – 1970 (Maschinenschriftliches Manuskript).

TROEBS, Karl, Arztsoldat und Dichter. Zum Schaffen Gustav Sondermanns, Wichern-Verlag, Berlin 1940 (zurückgehend auf einen Artikel vom 29. 10. 1933 in: Völkischer Beobachter, Nachdruck in: „Die Heimat", Beilage zum „Neustädter Anzeigeblatt", Nr. 41 vom 7. 11. 1933).

VOGEL, Ilse, Vom Land … 200 Jahre Judenschaft zu Pahres … in die Stadt und 70 Jahre jüdisches Leben in Neustadt a. d. Aisch. Ein Beitrag zur Heimatgeschichte, Neustadt a. d. Aisch 2007.

Anmerkungen

[1] Gustav SONDERMANN, Türme über der Stadt, Wichern-Verlag Berlin 1938. Für die Veröffentlichung des Romans musste zunächst ein Antrag auf Mitgliedschaft in der Reichsschrifttumskammer gestellt werden, der mit Schreiben vom 23. Januar 1939 und einem weiteren vom 19. April 1943 [!] mit einem Befreiungsschein entschieden wurde (BAB, R 9361 / V 10523).

[2] Auskunft des Neustädter Verlegers und Druckereibesitzers Hans Schmidt sen. (1983).

[3] Für frdl. Hinweise danke ich Luise Beyerlein, Heinrich Bechert, Margarete Kläser, Gerhard Schneider und Marianne Walz.
[4] Frdl. Mitteilung Prof. Dr. Harald Popp v. 17. Juli 1985.
[5] SONDERMANN, Türme, S. 407.
[6] Über die nachlassende Anziehungskraft des Bundes: BAB, R 1507/ 2034: Sachakte des Reichkommissars f. d. Überwachung d. öffentlichen Ordnung und Nachrichtensammelstelle im Reichsministerium des Innern mit Berichten zur politischen Lage im Jahr 1927.
[7] In seinem Roman beschreibt Sondermann beispielsweise einen Schweigemarsch, in dem er einem Artikel im *Neustädter Anzeigeblatt* über einen Langemarck-Gedächtnismarsch des DTV Neustadt vom 15. November 1932 folgt: „Man muß es erlebt haben, so in Reih und Glied in die schweigende Nacht hinaus zu marschieren. Feierliche Stille … Du kannst es auch verstehen, wie dich die Gemeinschaft Gleichgesinnter mitreißt; du verstehst jetzt, wie sie bei Langemarck mit singenden Lippen in den Tod gehen konnten.“
[8] Wolfgang MÜCK, Mitten in Franken: Neustadt an der Aisch. Politisches, wirtschaftliches und kulturelles Zentrum im Aischgrund (Veröffentlichungen der Gesellschaft für fränkische Geschichte: Reihe 13, Neujahrsblätter; H. 42), 2. erw. Auflage, Neustadt a. d. Aisch 2001, S. 84–88.
[9] SONDERMANN, Türme, S. 8 f.
[10] Vieles von dem, was Sondermann anspricht, findet sich wieder in der 1926 erschienenen Schrift: Oberland. Ziele und Wege des Bundes Oberland e. V., Verlag des Bundes Oberland e. V. München.
[11] Gustav SONDERMANN, Von der kommenden Revolution, Verlag Das Dritte Reich, Nürnberg 1927, S. 9–10 und 15; als Gründe für das Scheitern der Revolte vom 8. November 1918 nennt Sondermann dynastische Unfähigkeit und bürgerliche Feigheit (S. 14).
[12] SONDERMANN, Kommende Revolution, S. 32.
[13] SONDERMANN, Kommende Revolution, S. 39.
[14] SONDERMANN, Kommende Revolution, S. 48.
[15] SONDERMANN, Kommende Revolution, S. 52.
[16] SONDERMANN, Kommende Revolution, S. 63–65.
[17] In Frage kommen sowohl der Klausberg bei Birkenfeld mit dem Weiherhof zu seinen Füßen als auch der Schlossbuck oberhalb von Virnsbergerhaag bei Schauerheim, beides Erhebungen, die den weiten Blick über den Aischgrund gestatten. Auf beiden Erhebungen fanden der Erinnerung nach Feiern der Hitlerjugend statt (frdl. Auskunft von Albert Bierlein, Birkenfeld, und Fritz Herzog, dessen Vater von einer Feier der Hitlerjugend auf dem Schlossbuck oberhalb des Einzelgehöfts berichtet hat). Weniger wahrscheinlich kommt für die hier beschriebene Szene der Steinbruch oberhalb der Steige in Riedfeld – der Schnappenstein – in Frage, ein Feuerplatz, der bis in die jüngste Vergangenheit genutzt wurde. Vom „bisherigen Sonnwendfeierplatz vor dem Klausberg“ ist die

Rede in einem Schreiben des Sturmbanns II/56 vom 12. Oktober 1937 an die SS-Standarte Bamberg (StAN, Rep. 503, SS 32).

[18] SONDERMANN, Türme, S. 62; die inhaltlichen Parallelen zu der 1924 erschienenen Schrift *Der Sinn der völkischen Sendung* sind offensichtlich.

[19] Wenn Sondermann hier seine Romanfigur auf das Selbstbestimmungsrecht pochen lässt, folgt er damit der offiziellen Linie des Bundes Oberland, der sich nach der Wiedergründung im Jahr 1925 u. a. auf die Pflege des Deutschtums in den deutschen Grenzlanden und im Ausland verlegt hatte (BAB, R 1507/2034, S. 111).

[20] SONDERMANN, Türme, S. 66.

[21] SONDERMANN, Türme, S. 67.

[22] SONDERMANN, Türme, S. 100; gemeinhin wird angenommen, dass mit dem Pseudonym „Pfarrer Ernst" der Pfarrer Ernst Preu (1885–1958) gemeint sei; da dieser in Neustadt sehr populäre Geistliche erst am 4. März 1929 nach Neustadt zugezogen ist, der Roman aber 1923/24 spielt, dürfte es sich um Pfarrer Georg Düll (1890-1942) handeln, der am 1. Juni 1921 nach Neustadt kam und bis zu seinem Umzug nach Fürth im Jahr 1937 hier wirkte.

[23] StAN, Spr.-Ka. Erlangen-Stadt, WA 3985 / S. 108, Bl. 3; der Gymnasiast Ernst Goos assistierte Sondermann bei einem Vortrag im Jahre 1933 (NABl v. 07.01.1933).

[24] SONDERMANN, Türme, S. 235–246.

[25] SONDERMANN, Türme, S. 244; Herfried MÜNKLER, Der Große Krieg. Die Welt 1914–1918, Rowohlt, Berlin 2013, S. 225 f., verweist darauf, dass der Begriff des Opfers im Deutschen eine Doppelbedeutung besitzt, der in den meisten europäischen Sprachen mit zwei verschiedenen Begriffen ausgedrückt wird: die des passiven schicksalshaften Zum-Opfer-Werdens und die des Sich-Opferns, Mit-dem-Leben-Eintreten für andere.

[26] SONDERMANN, Türme, S. 245.

[27] SONDERMANN, Türme, S. 240/241.

[28] SONDERMANN, Türme, S. 218-224 und 235–246.

[29] SONDERMANN, Türme, S. 382.

[30] StAN, Spr.-Ka. Erlangen-Stadt, WA 3985 / S. 108, Bl. 3.

[31] SONDERMANN, Türme, S. 239 und 421.

[32] SONDERMANN, Türme, S. 242.

[33] SONDERMANN, Türme, S. 408.

[34] Wolfgang MÜCK, NS-Hochburg in Mittelfranken. Das völkische Erwachen in Neustadt a. d. Aisch 1922-1933 (Sonderband 4 der Streiflichter aus der Heimatgeschichte, Geschichts- und Heimatverein Neustadt a. d. Aisch e. V.), 4. erw. Auflage, Neustadt a. d. Aisch 2017, S. 162.

[35] Zum Zeitpunkt des Erscheinens des Romans war die Anzahl der jüdischen Mitbürger Neustadts schon stark zurückgegangen, in den Tagen nach dem Novemberpogrom war Neustadt binnen 48 Stunden judenfrei gemacht worden (Wolfgang MÜCK, Jüdisches Leben in Neustadt

a. d. Aisch – ein geschichtlicher Abriss, in: Streiflichter aus der Heimatgeschichte des Geschichts- und Heimatvereins Neustadt a. d. Aisch e. V., 31. Jg. / 2007, S. 72 f.).

[36] Im Gemeindeprotokoll ist eine entsprechende Spende vermerkt, die Babette Schloss als Vorsitzende des Frauenvereins überreichte; dazu Ilse Vogel, Vom Land … 200 Jahre Judenschaft zu Pahres … in die Stadt und 70 Jahre jüdisches Leben in Neustadt a. d. Aisch. Ein Beitrag zur Heimatgeschichte, Neustadt a. d. Aisch 2007, S. 146.

[37] Sondermann verknüpft in seinen späteren nach dem Zweiten Weltkrieg verfassten zeitkritischen und autobiografischen Einflechtungen „Besinnungen über das Vater Unser" Vorstellungen von einem auf historischer Basis gründenden „Dritten Reich" mit dem im „Vaterunser" genannten Reich Gottes und überhöht damit die politische Dimension um eine mystische Komponente: „Aus unserem Geschichtsbewußtsein, wie wir es in der Schule überkamen (!), wie aus unserem persönlichen Erleben (Krieg, Niederlage, nationalistische Erhitzung, Feindverhalten), dazu Klänge aus der Wandervogelbewegung, ergab es sich, daß das Wort ‚Reich' für uns einen besonderen Klang, geradezu mystischer Art hatte. Schlugen wir die politische Glocke an, so tönte unbedingt auch etwas von höheren humanitären Werten, religiösen Vorstellungen mit an, Vorstellungen von Gerechtigkeit, Freude und Freiheit für alle Menschen dieses Reiches, und meinten wir ‚Reich' im Sinne des ‚Vaterunsers', also als Reich Gottes, so empfanden wir die Bitte um das Kommen Seines Reiches zugleich als Verpflichtung und Versprechen mitzuwirken, was in unseren Kräften steht, daß dieses Reich des Friedens, der Gerechtigkeit und der Freiheit auch wirklich auf diese arme geplagte Menschheit herabkomme."

[38] Sondermann, Türme, S. 207 und 213 f.

[39] Sondermann, Türme, S. 48 f. und 179.

[40] Sondermann, Türme, S. 37 f.

[41] Sondermann, Türme, S. 35 f.

[42] Einen Krautdiebstahl vom Acker des Herrn Dekan kommentiert er beispielsweise mit den Worten: „Wer Gott vertraut – der braucht kein Kraut!" Die Entwendung eines Stallhasen beim Vermessungsinspektor Lämmermann lockt zur Feststellung: „Hier gibt es billige und gute Hasen!"

[43] Sondermann, Türme, S. 250.

[44] Sondermann, Besinnungen, S. 42.

[45] Sondermann, Besinnungen, S. 47; BAB, R 9361 / V 10523 (Lebenslauf von 1938); 1946 revidiert: Mitgliedschaft vom 23. 08. 1923 bis 09. 11. 1923 und Anwartschaft vom Sommer 1923 bis 14. 11. 1934 (StAN, Spr.-Ka. Erlangen-Stadt, WA 3985 / S. 108, Bl. 4).

[46] StAN, NS-Mischbestand, Slg. Streicher, S. 82.

[47] BAB, R 9361 / V 10523 (Fragebogen des Aufnahmeantrags für die

Reichsschrifttumskammer v. 15. 12. 1938); im Fragebogen zum Spruchkammerverfahren ist nur von einer Anwartschaft die Rede (StAN, Spr.-Ka. Erlangen-Stadt, WA 3985 / S. 108, Bl. 4); Dr. Joseph Drexel hat Sondermann für alles andere als einen politischen, wohl aber für einen musischen Menschen gehalten (StAN, Spr.-Ka. Erlangen-Stadt, WA 3985 / S. 108, Bl. 7).

[48] Rainer Hambrecht, Geschichte im 20. Jahrhundert: Die Bezirksämter/ Landkreise Neustadt a. d. Aisch, Scheinfeld und Uffenheim 1919–1972, in: Landkreis Neustadt a. d. Aisch-Bad Windsheim, Scheinfeld 1982, S. 389; Hoheneck, das zunächst als Kristallisationspunkt und Symbol der völkischen Rechtsbewegung überhaupt wahrgenommen wurde, entwickelte sich in der Mitte der 1920er-Jahre immer stärker zu einem Kundgebungs- und Tagungszentrum der NSDAP, ab 1931 besonders für SA- und SS-Lehrgänge. Zum geistigen Hintergrund der von Hoheneck ausgehenden Bewegung um Niekisch s. Werner P. Binder, Literarische Spurensuche im Landkreis (20): Drei Schriftsteller-Karrieren. Die Burg Hoheneck war ihr Zentrum. Sie gehörten dem *Bund Oberland* an: Gustav Sondermann, Joseph E. Drexel und Bodo Uhse, in: FLZ Nr. 143 vom 23. 6. 2006 (Lokales), neuerdings: Werner P. Binder, Burg Hoheneck war ihr Zentrum – Schriftsteller im Zeichen von *„Bund Oberland"*, in: Streiflichter aus der Heimatgeschichte des Geschichts- und Heimatvereins Neustadt a. d. Aisch e. V., 38. Jg. / 2014, S. 151–160 und Werner P. Binder, Die Burg Hoheneck war ihr Zentrum. Braune Zeiten (1): Schriftsteller im Zeichen von *„Bund Oberland"*, in: Aysch bringt rote Pfaffenhütlein. Literarische Landschaft zwischen Steigerwald und Frankenhöhe, Nürnberg 2015, S. 104–110.

[49] Sondermann, Besinnungen, S. 50; zur Bedeutung der Burg für eine schreibende Zunft, zu der neben Sondermann auch Dr. Joseph E. Drexel und Bodo Uhse (1904-1963), der literarisch Bedeutendste, zählte; während seiner Bamberger Jahre, wo der ehemalige Teilnehmer am Kapp-Putsch von 1921 bis 1927 als Redakteur arbeitete, besuchte er wiederholt Hoheneck (dazu Binder, Anm. 48).

[50] StAN, Spruchkammer Erlangen-Stadt, WA 3985 / S. 108 Bl. 7.

[51] Gustav Sondermann, Besinnungen über das Vater Unser mit zeitkritischen und autobiographischen Einflechtungen, Emskirchen 1968–1970 (Maschinenschriftliches Manuskript; frdl. Überlassung von Dr. Friedrich Bauer, seinem Neffen), S. 46.

[52] Sondermann, Besinnungen, S. 47 und 48 f. Streicher – nach Sondermann selbst wie ein „schnorrender Jude" aussehend – warf Sondermann vor, in der Judenfrage zu weich zu sein, drang sogar in dessen Versammlungen ein, um die Stimmung aufzuheizen, und nannte ihn einen „Schleimscheißer".

[53] Sondermann, Völkische Sendung, S. 36.

[54] In den „Besinnungen über das Vater Unser" (S. 45) berichtet Sonder-

mann über einen Theaterbesuch in Berlin, wo er in der Volksbühne am Rosa-Luxemburg-Platz das am 5. September 1929 uraufgeführte skandalumwitterte Stück *Der Kaufmann von Berlin* von Walter Mehring sah. Diese Geschichte eines aus Osteuropa zugezogenen Juden, dessen steile Karriere vorgestellt wird, hatte zu heftigen öffentlichen Reaktionen geführt, die Presse warf Mehring sowohl projüdische Agitation wie auch antisemitische Hetze vor. Goebbels verfasste eine Hetzschrift gegen Mehring: „An den Galgen"! Die SA marschierte drohend vor dem Theater auf. Sondermann, der sich über die Reaktionen des überwiegend jüdischen Publikums erregt, da er all das, was ihm „heilig" erscheint, angegriffen sieht – noch dazu höhnisch feixend beklatscht von den Zuschauern –, nimmt diese Episode zum Anlass, seine Einstellung gegenüber den Juden darzulegen: „An diesem Abend in diesem Theater habe ich diese Menschen – so wie sie sich aufführten – als blutmäßige Einheit erlebt und diese Einheit in böser Lust gegen das deutsche Volk."

[55] NABl v. 13. März 1924. In der Chronik der NSDAP wird im Gegensatz zu den Darlegungen des Zeitungsartikels im *Neustädter Anzeigeblatt* berichtet, dass Sondermann „die Gemeinheiten und Verleumdungen" gegen Hitler zurückwies: „Er wandte sich gegen die Unverschämtheiten, mit denen man den Menschen Adolf Hitler zu bewerfen suchte. ‚Schämt Euch', rief er aus, einem Menschen die Ehre und den guten Namen nehmen zu wollen, der alles, was er tut, nur aus Liebe zum Volk, und damit zu Euch, tut." (Chronik, S. 115).

[56] Sondermann, Völkische Sendung, S. 38.

[57] Sondermann, Völkische Sendung, S. 38.

[58] Sondermann, Völkische Sendung, S. 37/38; Sondermanns ambivalentes Verhältnis zum Judentum wird deutlich in der Novelle *Der Fremdling* aus *Der Toten Werk*. Fünf Novellen vom Tod zum Leben (erschienen 1930 in der J. G. Cotta'schen Buchhandlung Nachfolger, Stuttgart und Berlin). Dem Infanteristen Elieser Rabinowitsch, einem der tapfersten Soldaten in seinem Regiment, wird der dienernde und schmusende Kantinengefreite Moritz Hirsch, der Herschel-Moritz, gegenübergestellt, nicht nur äußerlich ein Zerrbild des Juden wie er im *Stürmer* gezeichnet wurde, sondern ein Kriegsgewinnler, der, von Gier getrieben, den Gojim das Geld aus der Tasche zieht. Mit dem Begriff der Auserwähltheit wird der Unterschied zwischen Deutschen und Juden verdeutlicht: „Wenn ihr Deutschen euch eurer Auserwähltheit preist, dann rasselt ihr mit Säbeln und Mäulern … als ob ‚auserwählt' nicht hieße vor Gottes Thron: Leid und Leid und Einsamkeit und Verachtung … Qual in der Seele, Hunger und Durst nach einem Tropfen Gerechtigkeit." (Sondermann, Der Toten Werk, S. 149/150).

[59] Sondermann, Besinnungen, S. 53.

[60] Anton Ritter von Bolz, Kriegsteilnehmer und Offizier, hatte wie

Sondermann ein gespanntes Verhältnis zu Streicher; von Bolz spricht Streicher die Qualifikation als Führer in einem Schreiben vom 26.02. 1923 entschieden ab (StAN, NS-Mischbestand, Sammlung Streicher, 79; Frdl. Hinweis auf den Hitlerbesuch Prof. Dr. Peter Fleischmann, Ltd. Archivdirektor im Staatsarchiv Nürnberg. Dazu s. Peter Fleischmann, Hitler als Häftling, S. 298).

[61] Sondermann, Besinnungen, S. 54.

[62] Sondermann, Besinnungen, S. 54.

[63] Sondermann, Besinnungen, S. 54/55.

[64] Sondermann, Besinnungen, S. 57.

[65] Sondermann, Besinnungen, S. 57; die kleine Zeitschrift „Das dritte Reich" ging damit ein; Sondermann arbeitete nun bis zu seinem Eintritt in die Reichswehr 1934 „an dem mit außerordentlicher Vitalität und geistiger Konzentration" geführten Monatsblatt *Der Widerstand* mit (Besinnungen, S. 57).

[66] BAB, R 9361 / V 10523 (Fragebogen v. 22. 01. 1934); wiederholten Anträgen auf spätere Befreiungen von der Mitgliedschaft von 1939 und 1943 wird stattgegeben; Mitgliedschaft im Reichsverband bis September 1934, danach Eintritt in die Reichswehr mit Verzicht auf schriftstellerische Tätigkeit.

[67] BAB, R 9361 / V 10523 (Schreiben des Landesleiters für Schrifttum beim Gauleiter Franken vom 13. 01. 1939); aus den weiteren erhobenen Daten geht beispielsweise hervor, dass der Arzt-Schriftsteller im Jahre 1938 an Einkommen aus schriftstellerischer Tätigkeit 300 RM erzielt hatte.

[68] StAN, Spr.-Ka. Erlangen-Stadt, WA 3985 / S. 108, Bl. 7.

[69] Manfred Kittel, Provinz zwischen Reich und Republik: Politische Mentalitäten in Deutschland und Frankreich 1918-1933/36, Oldenbourg Verlag 2000, S. 286.

[70] Das Dritte Reich v. 15. 03. 1927; s. a. Kittel, Provinz zwischen Reich und Republik, S. 286.

[71] Sondermann, Besinnungen, S. 57.

[72] Sondermann, Besinnungen, S. 57.

[73] Frdl. Hinweis Prof. Dr. Walter Löwe, München (1998); Std Nea, Familien-Bögen IIIa.

[74] Frdl. Hinweis Dr. Luitpold Distel (2014); nach Anfeindungen hatte sich Dr. Erich Distel bei der Bayerischen Landesärztekammer Rückendeckung geholt. Auf seine Frage, ob er Juden behandeln dürfe, erhielt er zur Antwort, er müsse sie behandeln. Die Familie verließ nach dem Eintritt des Arztes in die Reichswehr Neustadt und fand in Butzbach, dem Standort Dr. Distels, eine neue Bleibe, kehrte aber 1944 nach einem Bombenschaden ins großväterliche Haus nach Neustadt a. d. Aisch zurück. Dr. Distel hatte im Rahmen einer 1934 gezeigten Hygieneschau in Neustadt einen Vortrag über Rassenhygiene gehalten.

[75] SONDERMANN, Besinnungen (Zusatz 1970), S. 24.
[76] Ernst NIEKISCH, Gewagtes Leben. Begegnungen und Begebnisse, Köln und Berlin 1958, S. 156 f.
[77] Zu diesem Zeitpunkt war bereits ein Haupt-Schriftleiter bestellt, der in der Redaktion des *Neustädter Anzeigeblatts* darauf zu achten hatte, dass nur der NSDAP genehme Artikel erschienen; im Februar 1938 versah Helmut Burkert diese Position, ab Herbst 1938 der Journalist und Schriftsteller Rudolf Anderl aus Rosenheim (MÜCK, NS-Hochburg, S. 171).
[78] Gustav SONDERMANN, Umschau, in: St. Michael – ein Blatt christdeutscher Wandervögel, 2. Blatt, Christmond 1924 (Blatt 1 war im Heuert/Juli 1924 erschienen).
[79] Unter der Rubrik Süddeutsche Künstlerköpfe erschien im *Völkischen Beobachter* vom 29. Oktober 1933 ein Portrait des fränkischen Dichterarztes Dr. Gustav Sondermann von Karl TROEBS. Dieses wurde nachgedruckt in: *Die Heimat* Nr. 41 vom 7. November 1933 und ergänzt von Fritz Schmidt, dem Herausgeber des *Neustädter Anzeigeblatts* durch einen Hinweis auf das Drama „Hier steht Deutschland", das für den 21. März 1933 in Potsdam als Weihespiel des Stadttheaters Potsdam angenommen wurde. Von TROEBS erschien 1939 ebenfalls im Wichern-Verlag ein Portrait Sondermanns: Arztsoldat und Dichter: Zum Schaffen Gustav Sondermanns (27 Seiten). Möglicherweise kannte Sondermann die Festrede, die anlässlich des Geburtstags von Ludendorff in München im April 1924 nach Beendigung des völkischen Prozesses am 1. April 1924 gehalten wurde: Der göttliche Sinn der völkischen Bewegung.
[80] Ernst Pöhner, in: SONDERMANN, Kommende Revolution, S. 67 (Auszug aus einem Brief von Ernst Pöhner an den Verleger Lehmann).
[81] H. S. in: Fränkische Monatshefte 12/1928 (Bücherschau).
[82] Dresdner Nachrichten, zit. nach einer Verlagsanzeige in *Das Rentendorf.*
[83] TROEBS, Gustav Sondermann, Heimat Nr. 41, 7. November 1933.
[84] Alle Zitate entnommen aus einer Verlagsanzeige in: Das Rentendorf.
[85] NABl v. 11. Dezember 1932.
[86] Es fehlt die Schrift Wer wagt jetzt den Ritt?, die 1928 ebenfalls im Verlag Das Dritte Reich in Nürnberg erschienen ist.
[87] Brief Sondermanns an Ernst Jünger v. 30. April 1926; Ernst JÜNGER, Politische Publizistik 1919 bis 1933, Klett-Cotta, Stuttgart, S. 703 f.

Blick vom Torturm des Nürnberger Tores auf die Neustädter Altstadt mit dem Turm der Stadtkirche St. Johannes der Täufer, dem Gesprächspartner des „Weisen Wächters" über der Stadt, Wolfgang Mück 2017

Siegfried Kett

Ein Fall verquerer Erinnerungskultur – Arnold von Hoheneck und die größten Tage in der Geschichte Ipsheims

Die Marktgemeinde Ipsheim und die Burg Hoheneck

Fünfzig Kilometer westlich von Nürnberg, am Oberlauf der Aisch, liegt zu Füßen der altehrwürdigen Burg Hoheneck und umgeben von Weinbergen das Städtchen Ipsheim. Den Besucher erwartet neben einem malerischen Ortsbild und guter Gastronomie besonders im Herbst eine Reihe von Weinfesten. Auch eine Weinkönigin wird jährlich gewählt.

Burg Hoheneck und Ipsheim

Die Vergangenheit von Ipsheim und Hoheneck lässt sich bis ins hohe Mittelalter zurückverfolgen, auch wenn sie für die folgende Geschichte um Arnold von Hoheneck und ein ihm gewidmetes Festspiel erst interessant wird, als sich der Nürnberger Burggraf Friedrich III. (1220–1297) aus dem Geschlecht der Hohenzollern um 1265 Hoheneck und das umliegende Gebiet aneignet und

Arnold von Seckendorf als Lehen gibt. Der hat an Friedrichs Hof das Amt des Truchsess inne, eines der höchsten neben dem des Hofmarschalls. Die Inhaber einer solchen Position nahmen die Amtsbezeichnung nicht selten in ihren Familiennamen auf und so nennt sich der neue Burgherr „Truchsess Arnold von Hoheneck". Es ist die Zeit des „Interregnums", einer über zwanzigjährigen königslosen Epoche, in der das deutsch-römische Reich (später „Heiliges Römisches Reich Deutscher Nation" genannt) nach dem Tode des Stauferkaisers Friedrich II. (1194–1250) führungslos geworden ist. Die Reichsfürsten nützen diese recht chaotische Epoche, in der auch das Raubrittertum aufblüht, um ihre eigenen Territorien auf Kosten des niedrigeren Adels, aber auch durch Aneignung der ursprünglich der Verfügungsgewalt des römisch-deutschen Königs (der sich nach einer Krönung durch den Papst Kaiser nennen durfte) zustehenden Reichsgebiete zu vergrößern. Dabei ist auch die Selbstständigkeit der freien Reichsstädte bedroht. So wollen sich das reich gewordene Nürnberg sowohl die wittelsbach-bayerischen Herzöge wie auch der hohenzollerische Burggraf einverleiben. Die Wittelsbacher berufen sich darauf, dass sie Vormund von Konradin (1252–1268) sind, des Enkels von Friedrich II., dem als Kaiser Nürnberg unterstand. Die Burggrafen wiederum haben durch Erbschaften, eine geschickte Heiratspolitik und durch Kauf große Gebiete zwischen Bayreuth und Ansbach erworben, nur in Nürnberg selbst, in der Mitte dieser Ländereien, sind sie als Statthalter des Kaisers nur Herr über ihre neben der neueren Kaiserburg gelegenen eigenen, älteren Burg, nicht aber über die Stadt. Friedrich III. hat seine Residenz deshalb 1260 auf die Burg Cadolzburg im Westen von Nürnberg verlegt. Die Nürnberger entgehen der Bedrohung durch die Bayern und den Burggrafen dadurch, dass sie sich mit deren Widersacher und mächtigsten Reichsfürsten, dem böhmischen König Ottokar II. (um 1232–1278) verbünden. Der Sohn des aus der tschechischen Dynastie der Premschiden stammenden Königs Wenzel I. (um 1205–1253) und der Tochter des staufischen, römisch-deutschen Königs Philipp von Schwaben (1177–1208) hat durch Heirat, Erbschaft und kriegerische Eroberung die Herzogtümer Österreich, Kärnten und Steiermark erworben und erweiterte im Bündnis mit dem Deutschen Orden seinen Herrschaftsbereich in Litauen. Letzten Endes will er römisch-deutscher König werden mit der Anwartschaft auf die Kaiserkrone. Doch den anderen Reichsfürsten ist er zu mächtig geworden und sie wählen deshalb in seiner Abwesenheit nach langem und heftigem Geschacher 1273 den unbedeutenderen Grafen Rudolf von Habsburg (1218–1291) zum König. Für diesen hat sich vor allem der mit ihm befreundete Burggraf Friedrich III.

eingesetzt. Rudolf revanchiert sich nach seiner Wahl bei Friedrich dadurch, dass er all dessen während der Zeit des Interregnums erfolgten Erwerbungen als rechtmäßig anerkennt, während der böhmische König Ottokar die Herzogtümer Österreich, Kärnten und Steiermark als Reichsgut zurückgeben soll. Doch der lehnt nicht nur diese Forderung ab, sondern erkennt auch die Wahl Rudolfs zum König nicht an. So kommt es es zwischen den beiden zum Krieg, der schließlich 1278 in einer der größten Ritterschlachten Europas mit 50.000 Kämpfern, darunter auch die Streitmacht des Nürnberger Burggrafen, auf dem Marchfeld in der Nähe von Wien mit der Niederlage und dem Tod Ottokars entschieden wird. Beinahe wäre auch Rudolf ums Leben gekommen, als eine Lanze sein Pferd trifft und er zu Boden stürzt. Doch der im Dienste der Habsburger stehende Ritter Heinrich Walter von Ramschwag rettet ihn in höchster Not. Zum Kaiser ist Rudolf allerdings nie gekrönt worden, obwohl es in seinen 18 Herrschaftsjahren acht Päpste gegeben hat und dreimal die Termine für ein Krönung in Rom schon feststanden. Aber immer kam etwas dazwischen.

Burg Hoheneck um 1500

Hoheneck blieb in hohenzollerischem Besitz. Ein Jahrhundert später spielte ein anderer Burggraf, nämlich Friedrich VI. (1371–1440) den Königsmacher, als er dem in Nürnberg geborenen Sohn des böhmischen Königs und deutschen Kaisers Karl IV. (1316–1378),

Sigismund (1368–1437), dabei half, zum römisch-deutschen König (und später vom Papst gekrönten Kaiser) gewählt zu werden. Als Dank dafür wurde er mit der Mark Brandenburg im Range eines Kurfürsten betraut. Aus den Burggrafen wurden auf diese Weise auch Markgrafen. Bei einer Erbteilung ihres fränkischen Herrschaftsbereiches im Jahre 1493 in zwei eigenständige Fürstentümer, nämlich die Markgrafschaften Brandenburg-Ansbach und Brandenburg-Kulmbach-Bayreuth, kamen Ipsheim und Hoheneck zu Brandenburg-Kulmbach-Bayreuth. In zwei „Markgrafenkriegen", mit welchen die streitbaren Markgrafen Albrecht Achilles (1414–1486) und Albrecht Alcibiades (1522–1557) ihr Herrschaftsgebiet in Franken vor allem auf Kosten Nürnbergs und der benachbarten Fürstbistümer Würzburg und Bamberg zu vergrößern versuchten, sowie im Dreißigjährigen Krieg wurde der Ort mehrmals niedergebrannt und die Burg zerstört, bis sie Markgraf Christian Ernst (1664–1712) nach dem Dreißigjährigen Krieg wieder aufbauen ließ, allerdings ohne den großen „Bergfried", wie man solche unbewohnten Türme früher nannte.

1792 dankte Markgraf Karl Alexander (1736–1806), der zuletzt die beiden fränkischen Markgrafschaften gemeinsam regiert hatte, ab. Durch diesen Thronverzicht fielen diese fränkischen Fürstentümer nach einem hohenzollerischen Erbvertrag an die preußische Linie der Hohenzollern, d. h. sie wurden ein Teil des Königreiches Preußen. 1810 kam das Gebiet schließlich an das 1806 mit Napoleons Hilfe geschaffene Königreich Bayern und wurde dem neu gebildeten „Rezatkreis" zugeteilt, dem späteren Mittelfranken. Die Burg Hoheneck diente jetzt als Verwaltungsgebäude und als Wohnung des Revierförsters, ehe ein Teil 1864 zum Abbruch verkauft werden sollte. Dagegen wehrte sich die nahe gelegene Stadt Windsheim und konnte den Gebäudekomplex mit Ausnahme des südöstlichen Teils retten. Ein Verein zur Erhaltung historischer Gebäude ließ Dach und Mauern ausbessern. Zu Beginn des 20. Jahrhunderts wurde Hoheneck zu einem Treffpunkt für die bündische Jugend und den protestantischen bayerischen Jünglingsbund mit seinem Christlichen Verein Junger Männer. Nach weiteren Zwischenstationen (auf die noch eingegangen wird) kaufte die Stadt Nürnberg nach dem Zweiten Weltkrieg die Burg für Zwecke der Kindererholung und überließ sie später dem Kreisjugendring als Bildungs- und Veranstaltungsstätte für Jugendverbände und Vereine. Bis heute genießen hier auch Schulklassen immer wieder schöne und erlebnisreiche Wochen, selbst wenn sich gerade jüngere Schüler nachts nicht alleine zur Toilette zu gehen wagen aus Angst vor der „Weißen Frau", einem Gespenst, das in allen Schlössern der Hohenzollern spuken soll. Der Sage nach ist

Anzeige des bayerischen Jünglingsbundes vor dem Ersten Weltkrieg

es der Geist von Kunigunde von Orlamünde (1303–1382), die ihre beiden Kinder getötet hat, weil sie glaubte, sie stünden ihrer Heirat mit dem Sohn des Burggrafen Friedrich IV. (1287–1332) im Wege.

Nach der Reformation war Ipsheim wie die gesamte Markgrafschaft protestantisch geworden. Im 19. Jahrhundert blühte das Vereinsleben auf und noch heute spielen im gesellschaftlichen Leben der Marktgemeinde die Vereine eine wichtige Rolle. Das reicht von der Freiwilligen Feuerwehr über die Schützengesellschaft, den Gesangverein „Frohsinn" und den Musikverein bis hin zu den Landfrauen, der Landjugend, dem Winzerverein und dem Weinbauverein, allen voran der Turn- und Sportverein mit seinen 800 Mitgliedern. In dessen Vereinszeitung „Sportissimo" hat sogar die lange Ortsgeschichte ihren Platz. Im Grunde ist dies eine sehr lobenswerte Idee. In der Ausgabe vom Dezember 2014 erinnert der Vereinsvorsitzende an die „größten Tage" in der Geschichte Ipsheims. Dies seien das Heimatfest im Jahr 1925 und die damit verbundenen Aufführungen des Festspiels „Arnold von Hoheneck" gewesen. Eine solch einmalige Sache verdiene seiner Überzeugung nach noch immer größte Hochachtung und sollte den Ipsheimern stets Vorbild und Beispiel bleiben. Er bedauert, dass 2014, dem Jubiläumsjahr „825 Jahre Ipsheim", darauf verzichtet worden ist, das Stück noch einmal aufzuführen. Dann lässt er als Zeitzeugen den im Verein hoch geachteten, 1974 verstorbenen Ehrenoberturnwart Leonhard Göß posthum zu Wort kommen, der 1955 in der Windsheimer Zeitung über das Fest und das Festspiel einen längeren Artikel geschrieben hatte.[1]

Was uns der Herr Ehrenoberturnwart erzählt

Göß offenbart in seinem dreißig Jahre nach dem Ereignis erschienenen Zeitungsbericht, dass er selbst es gewesen sei, der 1924 den Anstoß für das Ipsheimer Festspiel gegeben hat.[2] Der damalige Burgherr von Hoheneck, der Münchner Verleger Julius Friedrich Lehmann, habe diese Idee aufgegriffen und vorgeschlagen, die Burg Hoheneck in den Mittelpunkt einer historischen Handlung zu stellen. Lehmann habe nicht nur in Münchner und Wiener Archiven das nötige historische Material zusammengetragen, sondern auch den Dichter Josef Stolzing als Autor gewonnen. Dieser verfasste ein Textbuch für ein Stück mit 70 Mitwirkenden, von „Kaiser" Rudolf von Habsburg, dem Burggrafen von Nürnberg und dessen Statthalter auf Hoheneck Arnold über Ritter und Edeldamen bis hin zu Handwerkern und Bürgern. Die Handlung siedelte er im Jahr 1278 an und lässt dabei Kaiser Rudolf mit Gefolge auf Hoheneck weilen. Der von Rudolf nach Prag gesandte „Reichsherold" Arnold von Hoheneck bringt die Nachricht, dass der böhmische König Ottokar sich weigert, den mit Rudolf geschlossenen Friedensvertrag zu erfüllen. Darauf zieht der Kaiser gegen Ottokar das Schwert. Ein Fähnlein tapferer Ipsheimer Bürger folgt ihm in den Kampf. Aus Dankbarkeit für diese treue Gefolgschaft verleiht er bei seiner siegreichen Rückkehr nach Hoheneck Ipsheim das lang ersehnte Marktrecht. Göß berichtet, dass Stolzing seinen Text einem Kreis von Ipsheimer Bürgern vorgetragen habe, worauf alle begeistert gewesen seien. Sie gründeten eine Festspielvereinigung, zu deren Führung neben dem Bürgermeister Friedrich Hülf, dem evangelischen Pfarrer Oskar Döderlein, dem Apotheker Beck, dem Direktor der Überlandzentrale Hans Düll, den Herren Fritz Kopp und Leonhard Gumbrecht und anderen Honoratioren auch er selbst gehörte. Er schildert weiter, wie sich fortan die ganze Bevölkerung in den Dienst der Sache gestellt habe. Für den Bau einer 800 Besucher fassenden Festhalle gab es Spenden und Bürgschaften. Geschäftsleute stellten Baumaterial kostenlos zur Verfügung, viele Bürger leisteten Hand- und Spanndienste. Umgehend begannen auch die Proben für das Spiel, für dessen Hauptrollen man zunächst auswärtige Berufsschauspieler verpflichtete. Um auf Dauer die Leihgebühren für Requisiten und Kostüme zu sparen, strickten Frauen und Mädchen aus Bindfaden Kettenhemden und nähten jeweils 2000 Stahlplättchen zu Ritterrüstungen zusammen. Der Spenglermeister lieferte die Helme, der Schmied die Schwerter und der Schuster fertigte die Schuhe an. Die Urauf-

SA auf der Burg Hoheneck beim Morgenappell

führung am 27. Juni 1925 wurde laut *Göß* mit „stärkstem Beifall" bedacht. Danach bewegte sich ein „prächtiger" Festzug durch den Ort, an dessen Spitze Kaiser Rudolf mit Gefolge ritt. Ihm folgten 20 Festwagen, viele Gruppen, Vereine und Musikkapellen. Alle Vorstellungen des Festspieles an den nächsten Tagen waren restlos ausverkauft. 1926 wurde es erneut anlässlich einer „fränkischen Armeegedenkfeier" aufgeführt, an der eine „Reihe von Heerführern der alten ruhmreichen Armee" teilnahm. Göß schließt seinen Bericht mit dem Wunsch, das „stolze Werk, das auch heute noch Ipsheim Ehre macht", möge der Jugend zeigen, „was man zu leisten vermag, wenn man einig ist, sich unterordnen kann und zusammenhält".

Schaut man, neugierig geworden, zu Wikipedia ins Internet oder blättert in der 1989 von Christof Rückert im Auftrag der Gemeinde Ipsheim verfassten Ortschronik[3], dann bekommt man zwar keine weiteren Informationen zum Festspiel, erfährt aber, dass der Autor des „Arnold von Hoheneck" Hauptschriftleiter des „Völkischen Beobachters" gewesen ist, der Parteizeitung der Nationalsozialistischen Arbeiterpartei (NSDAP), und dass sein Auftraggeber Lehmann die Burg Hoheneck 1921 nicht zu Wohnzwecken erworben hatte, sondern sie zum Schulungszentrum für den rechtsradikalen „Bund Oberland" und die SA (Sturmabteilung der NSDAP) hatte ausbauen lassen. Der „Bund Oberland" war die Nachfolgeorganisation des durch besondere Brutalität bei der Niederschlagung der Münchner Räterepublik in Erscheinung getretenen „Freikorps Oberland". Anlass genug zur Vermutung, Leonhard Göß könnte bei seinem Bericht von 1955 einiges vergessen oder gar absichtlich weggelassen haben. Auf jeden Fall ein Grund, den Burgherrn Lehmann, den Dichter und das damalige politische Umfeld in Ipsheim etwas genauer unter die Lupe zu nehmen. Und sich vor allem das Textbuch des „Arnold von Hoheneck" zu besorgen.

Der Verleger Lehmann

Der in Zürich geborene Julius Friedrich Lehmann (1864–1935) hatte als Buchhändler gelernt, im Leipziger Verlag E. A. Seemann gearbeitet und sich 1890 mit dem Kauf eines Verlages und einer Fachbuchhandlung für medizinische Fachliteratur in München selbstständig gemacht. Er stieß dabei in eine Marktlücke, denn die Zahl der Mediziner in Deutschland wuchs zu dieser Zeit sehr stark an. Das Verlagsgeschäft lief so gut, dass er die Buchhandlung bald an seinen Vetter weitergeben konnte. Politisch von jeher im deutschnationalen, kaiserlich-monarchischen Spektrum beheimatet, fand Lehmann in München Zugang zu völkischen Gruppierungen wie dem Alldeutschen Verband ADV, dessen Geschäftsausschuss er bald angehörte. „Völkisch" steht dabei als summarischer Oberbegriff für nationalistisch, antidemokratisch, antisozialistisch, rassistisch und antisemitisch zugleich. Lehmann schloss sich auch dem Deutschen Schulverein an, der das Deutschtum im Ausland förderte. Weiter unterstützte er den Deutschen Flottenverein und gehörte zu den Gründern der Thule-Gesellschaft, einem am Ende des Ersten Weltkriegs entstandenen antisemitischen Geheimbund, der in erster Linie revolutionäre Ansätze in München bekämpfte und aus dessen „Münchener Beobachter" der „Völkische Beobachter" der NSDAP hervorgegangen ist. Der Gründer der Thule-Gesellschaft Rudolf von Sebottendorf pries Lehmann als deren „aktivstes und vorwärtstreibendes Element".[4]

Ab 1896 publizierte Lehmann neben medizinischen auch politische Bücher und Zeitschriften, ab 1905 auch Schriften zur Rassenlehre und Rassenhygiene und seit 1906 eine erste Zeitschrift zur Wehrkunde. Den Ausbruch des Ersten Weltkriegs begrüßte er enthusiastisch als Ende eines „faulen Friedens". Der Marineleitung sandte er eine größere Anzahl von „Taschenbüchern der Kriegsflotten" und bot an, für jeden Treffer und jedes versenkte Schiff eine Prämie zu zahlen.[5] Doch der Ausgang des Krieges, in dem sein einziger Sohn als Soldat gefallen war, traf ihn sehr hart. Die Schuld an der Niederlage sah er nicht beim Kaiser und den Generälen, sondern bei den Politikern der „Weimarer Republik", die er fortan mit großer Leidenschaft bekämpfte. Ein besonderes Anliegen war ihm dabei die Verbreitung der Dolchstoßlegende, d. h. der Verschwörungstheorie, die besagt, die demokratischen Parteien der Weimarer Republik seien 1918 dem im Felde unbesiegten deutschen Heer in den Rücken gefallen und hätten so das stolze deutsche Kaiserreich verraten.

Im Gegensatz zum Ende des Zweiten Weltkriegs, als die Siegermächte das politische Leben in ihren jeweiligen Besatzungszonen kontrollierten, ging es nach dem im November 1918 beendeten Ersten Weltkrieg im unbesetzten Deutschland politisch drunter und drüber. Demokratische Parteien wie die Sozialdemokraten, das katholische „Zentrum" (in Bayern die konservativere „Bayerische Volkspartei") und die liberale „Deutsche Demokratische Partei" DDP wollten eine parlamentarische Demokratie errichten. Anarchistische, intellektuelle und künstlerische Kreise strebten eine basisdemokratisch ausgerichtete Räterepublik an. Die kommunistische Partei KPD wollte ebenfalls ein Rätesystem, aber im bolschewistischen Sinne nach dem Vorbild der Sowjetunion. Und die zahllosen völkischen Gruppierungen agitierten und kämpften für eine Wiederherstellung der alten Machtverhältnisse. Um sich gegen die Putschversuche radikaler rechter oder linker Kräfte zu wehren, ließ die Reichsregierung „Freikorps" bilden. Das waren eigenständige Kampfverbände, die nicht zu den regulären Truppen der Reichswehr gehörten. Sie rekrutierten sich hauptsächlich aus ehemaligen Offizieren und Berufssoldaten, die in aller Regel nationalistisch und antidemokratisch gesonnen waren. In Bayern hatte Kurt Eisner (1867-1918), Mitglied der sich 1916 von der SPD abgespaltenen, von ihr links stehenden „Unabhängigen Sozialdemokratischen Partei Deutschlands" (USPD), den „Freistaat Bayern" ausgerufen und war vom Landtag zum ersten Ministerpräsidenten gewählt worden. Eine nationalistische „Bürgerwehr", die in dieser Situation einen Staatsstreich vorbereitete, fand die Unterstützung von Lehmann, der sein Verlagsgebäude als Waffenlager zur Verfügung stellte. Das Vorhaben flog allerdings auf und Lehmann kam vorübergehend in Haft.[6] Das wiederholte sich im Februar 1919, als Eisner von dem zum Umfeld der Thule-Gesellschaft gehörenden nationalistischen Fanatiker Anton Graf von Arco (1897–1945) auf dem Weg zum Landtag erschossen wurde. Lehmann wanderte wieder, zusammen mit fünfzig anderen dem rechten Rand angehörenden Personen, für kurze Zeit ins Gefängnis Stadelheim, in dessen Direktor Karl Pöhner (1870–1925) er allerdings einen politischen Gesinnungsgenossen fand. Als Eisners Nachfolger wählte der bayerische Landtag Johannes Hoffmann (1867–1930) von der SPD. Daraufhin rief im April 1919 ein „Revolutionärer Arbeiterrat" in München die „Bayerische Räterepublik" aus, zunächst unter einer Führung von Intellektuellen und Künstlern, schnell aber dominiert von der KPD. Das Kabinett Hoffmann floh vor deren bewaffneten Leuten von München nach Bamberg und rief Freikorpseinheiten und die Reichswehr zu Hilfe nach München, wo es Ende April und Anfang Mai 1919 zur blutigen Niederschlagung der Räterepublik mit über 600 Toten kam, begleitet von grausamen Massakern, Morden und Hinrichtungen durch die Freikorpsverbände. Wiederum hatte Lehmann dabei seine Hand im Spiel gehabt: Das 350 Mann starke „Freikorps Oberland" war aus einem innerhalb seiner Thule-Gesellschaft entstandenen Kampfbund hervorgegangen und dem mit 700 Leuten angerückten „Freikorps Epp" diente er persönlich als in München ortskundiger Führer.[7]

Zur künftigen Sicherung der Ordnung in München berief die Staatsregierung nach dem Ende der Räterepublik ausgerechnet Ernst Pöhner zum Münchner Polizeipräsidenten. Er blieb es bis 1921, verfolgte in dieser Zeit die Anhänger der Räterepublik über das gesetzliche Maß hinaus, tat aber zusammen mit seinem Mitarbeiter Wilhelm Frick (1877–1946), dem späteren nationalsozialistischen Reichsinnenminister, alles, um bei der Suche der Verantwortlichen für die vergangenen Gräueltaten rechte Gesinnungsgenossen zu schützen. Intensiv setzte er sich für den Eisner-Mörder Graf Arco ein, der, zunächst zum Tode verurteilt, dann zu Festungshaft in Landsberg begnadigt, dort ein- und ausgehen durfte, wie er wollte. Auch bei der Genehmigung von Versammlungen völkischer Gruppen, wie der 1920 aus der Deutschen Arbeiterpartei DAP hervorgegangenen NSDAP, war Pöhner sehr großzügig. Seit damals kannte er auch Adolf Hitler (1889–1945), den auch Lehmann von Anfang an schätzte und frühzeitig finanziell unterstützte.

Lehmanns Schwiegersohn Friedrich Weber, der „Bund Oberland" und der Umbau von Hoheneck

Zu den Kämpfern des „Freikorps Epp" gehörte auch Lehmanns Schwiegersohn, der Kriegsfreiwillige und künftige Tierarzt Friedrich Weber (1892–1935). Als 1921 die Freikorps in ganz Deutschland aufgelöst wurden, wandelte sich das „Freikorps Oberland" in den „Bund Oberland" um und Friedrich Weber wurde dessen Führer. Lehmanns älteste Tochter Mathilde hatte er bei einer Wanderfahrt des „Wandervogel" kennengelernt, einer von bürgerlichen Schülern und Studenten getragenen, 1896 von Berlin ausgegangenen, jugendlichen Reformbewegung. Beide kannten mit ziemlicher Sicherheit Hoheneck vom „Wandervogel" her, und so ist es wohl zu erklären, dass Julius Lehmann die Burg im Februar

1921 vom bayerischen Staat für 30.000 Reichsmark gekauft hat[8] und für den „Bund Oberland" als Tagungs- und Schulungsort ausbauen ließ. Außerhalb des Burggeländes kaufte er noch ein zusätzliches Grundstück für einen „Heldenhain", wo ein Grabmal für seinen gefallenen Sohn und Denkmäler für sieben Soldaten aus Schloss Hoheneck und einem nahe gelegenen Weiler ihren Platz fanden.

Der Kauf der Burg muss zwischen Lehmann und der zuständigen Finanzbehörde recht heimlich abgewickelt worden sein, denn selbst der Regierungspräsident in Ansbach klagt darüber, dass die Regierung nicht informiert gewesen sei, obwohl das gerade wegen der „Belange des Heimatschutzes, des landschaftlichen Bildes und der Erhaltung der Burgruine" wichtig gewesen wäre, aber auch hinsichtlich der Nutzung für größere Organisationen wie den „Deutsch völkischen Bund". Aber inzwischen seien im „Rittersaal" schon fünfzig eiserne Bettgestelle zur Aufnahme von Massenbesuchen aufgestellt worden."[9] Den Umbau der Burg leitete vor Ort Lehmanns Tochter Mathilde.

Beim „Marsch auf die Feldherrnhalle" am 9. November 1923 als Höhepunkt des gescheiterten Hitler-Ludendorff-Putsches, durch den Hitler die Macht im Deutschen Reich übernehmen wollte, ähnlich wie es ein Jahr zuvor Benito Mussolini (1883–1945) mit dem „Marsch auf Rom" in Italien gelungen war, marschierten die Bataillone des „Bundes Oberland" und der SA an vorderster Front. Im Schusswechsel mit der Polizei kamen 16 der Putschisten ums Leben. Unverletzt blieb Lehmanns Schwiegersohn Weber. Wegen Hochverrats wurde er zu Festungshaft in Landsberg verurteilt, ebenso wie Hitler und sieben weitere Leute, darunter Ernst Pöhner und Wilhelm Frick. (Pöhner wäre bei einem Erfolg des Staatsstreiches bayerischer Ministerpräsident geworden, Frick Polizeipräsident von München.) Alle kamen nach wenigen Monaten wieder frei. General Erich Ludendorff (1865–1937) hatte das Gericht von vornherein „wegen großer Verdienste" im Ersten Weltkrieg freigesprochen, auch wenn er aus heutiger Sicht Millionen junger Soldaten völlig sinnlos in den Tod getrieben hat. Weber konnte nach der Haftentlassung sein Studium fortsetzen. 1933 wurde er Reichstierärzteführer.

Seine Reichstierärztekammer kaufte der Witwe des 1935 verstorbenen Verlegers Lehmann die Burg Hoheneck 1937 für 10.000 Reichsmark ab und baute sie bis 1939 zum zentralen Tagungszentrum der deutschen Tierärzte aus. Dazu gehörte auch der Bau eines neuen Seitenflügels im südöstlichen Bereich, mit dem die Burg das heutige, sehr geschlossen wirkende Erscheinungsbild erhielt.

Ipsheim und sein politisches Umfeld

Die lange Dauer des Ersten Weltkriegs und die zunehmende Lebensmittelknappheit hatten die Menschen Ende 1918 mürbe gemacht. Von der neuen Republik erhofften sie sich eine Verbesserung der Verhältnisse, und so ist es kein Wunder, dass bei den Wahlen zur Nationalversammlung im Januar 1919 die Parteien der sogenannten Weimarer Koalition über 70 % der Stimmen bekamen, in Franken sogar 80 %. Selbst im ländlich strukturierten, konservativen Ipsheim hatte die SPD die Nase vorn. Doch die Wirren der Räterepublik, das Weiterbestehen der Seeblockade, die eine Verbesserung der Ernährungslage verhinderte, und vor allem das als ungerecht und demütigend empfundene „Friedensdiktat von Versailles" mit Gebietsabtretungen, hohen Reparationszahlungen und Anerkennung der Alleinschuld am Weltkrieg ließen die Stimmung umschlagen. Schon bei den Reichstagswahlen 1920 verlor die Weimarer Koalition ein Drittel ihrer Stimmen. Zugleich erstarkten äußerst rechts stehende völkische Verbände, die zwar gegeneinander konkurrierten, sich im Kampf gegen die junge Republik aber einig waren. Dazu gehörten in Westmittelfranken u. a. „Stahlhelm", „Reichsflagge", „Brigade Erhard", „Wiking", der „Jungdeutsche Orden" und der „Deutsche Werkbund", und natürlich der „Bund Oberland" und die NSDAP mit ihrer Sturmabteilung SA. Auch in Ipsheim hatte sich die Stimmung grundlegend gedreht. Das Bezirksamt Uffenheim stellte in einem internen Lagebericht vom 25. April 1922 fest, dass hier „fast die gesamte Bevölkerung unter dem Einfluss der deutsch-völkischen Bewegung" steht.[10] Dabei spielten der „Bund Oberland" und Hoheneck eine wichtige Rolle, vor allem aber das Auftreten des „Frankenführers" Julius Streicher (1885–1946).

In Ipsheim hatten sich schon 1919 ehemalige Frontsoldaten und jugendliche Aktivisten zu einer Art paramilitärischer Wehrsportgruppe zusammengefunden.[11] Ob das bereits im Umfeld des Bundes Oberland oder nur orientiert an den „Einwohnerwehren" in größeren Orten Bayerns geschah, ist nicht ganz klar. Einwohnerwehren waren im Windschatten der Freikorps vor allem gegen die Gefahr einer roten Räterepublik gegründet worden und verschwanden im Juni 1921 wieder auf Betreiben der alliierten Siegermächte. Viele der Aktivisten schlossen sich daraufhin dem Bund Oberland an oder der im November 1921 innerhalb der NSDAP durch Umbenennung des bisherigen Saalschutzes geschaffenen Sturmabteilung SA. Zur SA fand 1921 auch die kleine Ipsheimer Wehrsportgruppe, wobei man – wie deren junger Anführer, er sei vorerst „SA-Mann 1" genannt (auf ihn wird noch zurückgekommen), später vor der Spruchkammer Windsheim behauptete – in der SA zunächst nur einen großen Sportverband gesehen habe. Er hatte als Schlosser gelernt, war mit 18 Jahren Soldat geworden, hatte das Eiserne Kreuz 2. Klasse erhalten und war im Februar 1919 aus der Armee entlassen worden. Er sei zwar vaterländisch erzogen, aber nie politisch gewesen, verführt hätten ihn erst die nationalistischen Parteiredner, die nach Ipsheim gekommen sind, behauptete er nach 1945.[12] In Ipsheim war dies vor allem die stark antisemitische „Deutsche Werkgemeinschaft" mit ihrem Vorsitzenden Friedrich Beck aus Nürnberg, dessen Bruder die Apotheke in Ipsheim gehörte. Die übelste Figur der „Werkgemeinschaft" war Julius Streicher, der mit seinen Hetzreden seit 1921 auch in Ipsheim präsent gewesen ist, wohin er wegen eines Verhältnisses mit einer verheirateten Frau persönliche Beziehungen hatte.[13] In kurzer Zeit entstand dort eine Ortsgruppe der Werkgemeinschaft mit 150 Mitgliedern, zu denen auch der „SA-Mann 1" stieß. Als sich Streicher 1922 der Bewegung Adolf Hitlers anschloss, rekrutierte sich aus dieser Keimzelle im November desselben Jahres die erste NSDAP-Ortsgruppe der gesamten Region. Als aktivster Propagandaredner der neuen Ortsgruppe tat sich Fritz Hülf, der Sohn des Bürgermeisters, hervor, der im ganzen Umland in Erscheinung getreten ist. Die Ipsheimer SA unter Führung von „SA-Mann 1" schützte, wie dieser als SA-Obersturmführer 1934 berichtete, „sämtliche Versammlungen der NSDAP in der ganzen Umgebung"; sie half auf diese Weise, „dass von Ipsheim aus die Idee des Führers hinausgetragen wurde in den Aisch-

Die Gründungsmitglieder der 1926 wieder entstandenen Ortsgruppe der NSDAP Ipsheim postieren sich zehn Jahre später zum Gruppenfoto. (Den SA-Obersturmführer erkennt man in der zweiten Reihe als Zweiten von rechts.)

grund". Die SA Ipsheim habe dabei „viele Schlachten geschlagen". Er sei besonders stolz darauf, dass er beim ersten Reichsparteitag der NSDAP im Januar 1923 in München die „wohl älteste SA-Fahne Deutschlands" getragen habe.[14] Als die NSDAP und die SA nach dem Hitlerputsch im November 1923 verboten wurden, schlossen sich viele ihrer Mitglieder Deckorganisationen an.

Am Ende des Verbotes gründete der Ipsheimer Obersturmführer im Jahr 1926 die örtliche SA neu und wurde daneben Schriftführer bei der ebenfalls neu entstandenen Ortsgruppe der NSDAP, deren Ortsgruppenleiter von Anfang an bis 1945 der Landwirt Fritz Kopp (1886–1968) gewesen ist.

SA beim Wehrsport auf Burg Hoheneck

Als besonders eifriger Verfechter vaterländischen und nationalistischen Gedankenguts tat sich der evangelische Ortspfarrer Oskar Döderlein hervor, der seit 1922 als Prediger bei Feldgottesdiensten, Sonnwend-, Sedans- und anderen Feiern der völkischen Gruppierungen aufgetreten ist. So predigte er 1924 bei einem Treffen des „Bundes Oberland" auf Burg Hoheneck, an dem General Erich Ludendorff teilgenommen hat, zum Thema „Vaterlandsliebe", weihte danach die Fahnen und reichte das Abendmahl.[15] Dabei war Döderlein keineswegs eine Ausnahmeerscheinung unter den zumeist pietistisch geprägten protestantischen Pfarrern in Westmittelfranken, die mit dem Ende der Monarchie ihre politische Heimat verloren hatten, konservativ, national und patriotisch orientiert waren und diesen vaterländischen Geist in das

Volk hineingetragen haben.[16] Nicht wenige Pfarrhäuser wurden zu Stützpunkten der völkischen Bewegung. Eine Gruppe von Pfarrern aus der evangelischen Jugendbewegung, die sich „Hohenberger Gilde" nannte, traf sich regelmäßig auf der Burg Hoheneck und suchte dabei den Dialog mit der völkischen Bewegung. In einem Bericht über das Ostertreffen 1924 heißt es: „In der völkischen Bewegung ist ein neues starkes Gefühl der solidarischen Verpflichtung für das gemeinsame Schicksal erwacht. Die Jugend aber, die nicht einmal bei den Abendmahlsfeiern unserer christlichen Gemeinden solche Gemeinschaftsgefühle verwirklicht sieht, sucht eher sehnsüchtigen Herzens nach solchen Kreisen, die den

Adolf Hitler zusammen mit Rudolf Hess zu Besuch auf Burg Hoheneck anlässlich der Beisetzung von Ernst Pöhner 1927

Menschen hinübertragen aus den Eiswüsten des Individualismus in eine neue Gemeinschaft."[17]

Aber nicht nur der Pfarrer, sondern auch Lehrer der örtlichen Volksschule hatten einen nicht unerheblichen Anteil daran, dass Ipsheim zu einer frühen Bastion der Nationalsozialisten geworden ist. Einer davon, Mitglied der NSDAP seit 1923, war getragen vom Wunsch, „das Vaterland aus der Nacht dem Lichte entgegenzuführen".[18] Wie sehr sich Ipsheim in seinem Sinne in den nächsten Jahr entwickelte, zeigt sich daran, dass bei der letzten demokratischen Wahl in Deutschland, der Reichstagswahl vom März 1933, 92 % der Einwohner die NSDAP gewählt haben, während es im gesamten Reichsgebiet „nur" 44 % waren.

Als markantes Beispiel für das politische und gesellschaftliche Klima in Ipsheim sei die Beisetzung des früheren Münchner Polizeipräsidenten Ernst Pöhner 1927 auf Burg Hoheneck genannt. Pöhner war als einer der Anführer des gescheiterten Hitlerputsches wie Hitler wegen Hochverrats zu Festungshaft in Landsberg verurteilt, wie dieser aber bald wieder freigelassen worden. 1925 kam er bei einem Verkehrsunfall ums Leben und seine Gesinnungsfreunde ließen ihm auf dem Münchner Waldfriedhof einen gewaltigen Grabstein aus Granit setzen, auf dem in großen Lettern stand: „Dem Vorbild treuer Pflichterfüllung – Das dankbare Vaterland". Der Münchner Stadtrat bestand auf der Beseitigung dieser Schrift, worauf sich Pöhners Freund Lehmann an Bürgermeister Hülf und Pfarrer Döderlein mit der Bitte wandte, den Polizeipräsidenten nach Hoheneck in seinen Heldenhain überführen zu lassen. Beide begrüßten dies und das Bezirksamt von Uffenheim hatte juristisch und bestattungshygienisch nichts einzuwenden und genehmigte auch die Schrift auf dem Grabstein.[19] So wurde Pöhners Sarg 1927 mit der Eisenbahn nach Ipsheim transportiert, vom Bahnhof aus, eskortiert von zwei Gruppen des „Bundes Oberland", nach Hoheneck gebracht und dort im Rittersaal aufgebahrt, wo vier Oberländer – Gewehr bei Fuß – die Mahnwache hielten. Zwei Tage später formierte sich im Burghof der Trauerzug und der Ipsheimer Gesangverein „Frohsinn" intonierte das „niederländische Dankgebet".

Oberländer tragen Pöhners Sarg von der Burg zum Heldenhain Lehmanns.

Hinter der Musikkapelle Ipsheim folgten dann 33 völkische Gruppen, vaterländische Verbände, Krieger- und Militärvereine sowie zahlreiche örtliche und überörtliche Vereine mit 700 Menschen dem mit Helm und Degen des Verstorbenen geschmückten, von sechs Oberländern getragenen Sarg zum Heldenhain. Reden am Grab hielten neben den Vertretern des Bundes Oberland, der Wehrverbände, des Tannenbergbundes, der Thule-Gesellschaft und der Reichsflagge der Burgherr Lehmann, Adolf Hitler und die später in Nürnberg gehenkten Julius Streicher und Wilhelm Frick[20]. Joseph Goebbels war von Berlin angereist, ergriff aber nicht das Wort. Die kirchlichen Weihen kamen von Pfarrer Döderlein. Die *Windsheimer Zeitung* schrieb am nächsten Tag: „Der Geistliche ließ die Zeit des großen Krieges mit ihren gewaltigen Taten, die jedes deutsche Herz höher schlagen macht, vorüberziehen und die Zeit des schmählichen Zusammenbruchs und Niederganges, in der Pöhner als ein Mann der Treue und der Tatkraft entstanden sei. Anknüpfend an die umkämpfte Grabinschrift betonte der Geistliche, dass er unter Vaterland die Gemeinschaft der Treuen verstanden wissen wolle. Über den Tod hinaus wirkten Männer wie Pöhner fürs Vaterland, solange es Menschen gäbe, die wüssten, was Vaterland sei."[21] Schließlich übergab Lehmann der Gemeinde Ipsheim das Grab zu treuen Händen.

Die *Windsheimer Zeitung* schreibt: „Unter einem zu Herzen gehenden Treugelöbnis und Bekenntnis zum vaterländischen Ge-

Der Ipsheimer Bürgermeister am Grabe Pöhners

danken im Sinne Pöhners übernahm Bürgermeister Hülf namens des Marktes Ipsheim das Grab in seine Obhut." Mit einem Choral der Ipsheimer Sänger endete die Feier.

Zum „Dichter"

Der 1869 in Wien geborene Verfasser des „Arnold von Hoheneck" hieß eigentlich Josef Cerny (1869-1942), erst seit 1919 nannte er sich in Anlehnung an Wagners Meistersinger Stolzing „Stolzing-Cerny". Seine meist völkischen und antisemitischen Dramen und Romane blieben bedeutungslos. Schon frühzeitig bewunderte und förderte er Hitler. 1920 schrieb er mit einem längeren Beitrag „Das unerlöste Deutschland" erstmals für Lehmanns seit 1917 erscheinende Zeitschrift *Deutschlands Erinnerung*, ein Blatt in streng nationalistischem Geist mit zahlreichen antisemitischen Aufsätzen. Lehmann verstand es als Programmzeitschrift des Alldeutschen Verbandes.[22] Im gleichen Jahr erschien in Frankfurt Stolzings Schrift „Aus arischer Weltanschauung zur deutschen Wiedergeburt". 1924 folgte mit „Christian de Wet - ein Roman aus dem Freiheitskampf der Buren" ein Werk, das Kriegsgräuel der Briten im Burenkrieg (1899–1902) im heutigen Südafrika anprangert. (Die Thematik wurde von den Nationalsozialisten 1941 mit dem opulenten Historienfilm „Ohm Krüger" wieder aufgegriffen, der die Kriegsstimmung gegen England steigern sollte.) 1922 war Stolzing-Cerny als Schriftleiter und Kulturkritiker zum *Völkischen Beobachter* gekommen, wo er mit Alfred Rosenberg (1893–1946), dem später in Nürnberg hingerichteten führenden Ideologen und Antisemiten der NSDAP, zusammenarbeitete. 1923 stellte er bei den Bayreuther Festspielen die Verbindung von Hitler zu Winifried Wagner her. Wäh-

Stolzing-Cerny mit Adolf Hitler vor dem Festspielhaus in Bayreuth

rend seiner Festungshaft erkor ihn Hitler zum Korrektor von „Mein Kampf", worauf sich beide wiederholt in Landsberg trafen. Als Hitlers Buch im Juli 1925 erschien, sandte ihm Stolzing-Cerny mit der Gratulation sein druckfrisches Textbuch „Arnold von Hoheneck" mit folgender Widmung zu: „Meinem hochverehrten lieben Herrn Adolf Hitler in treuester Freundschaft zum freundlichen Gedenken, 19. Juli 1925. Josef Stolzing-Cerny".[23] 1932 gelang es dem nationalsozialistischen Kampfbund für deutsche Kultur, am Prinzregententheater in München eine Aufführung seines Schauspiels „Friedrich Friesen" durchzusetzen. In der Folgezeit spielte Stolzing-Cerny auch innerhalb der NSDAP keine große Rolle mehr, aber als er 1942 starb, ordnete Hitler für ihn ein Parteibegräbnis an.

Das Textbuch

Besorgt man sich eines der noch vorhandenen seltenen Exemplare des Textbuches[24] und vergleicht es mit dem Bericht von Leonhard Göß aus dem Jahr 1955, dann stellt man fest, dass der Ehrenturnwart wesentliche, für eine korrekte Beurteilung unverzichtbare Passagen des Festspieles völlig ausgeklammert hat. Das gilt für einen ganzen Handlungsstrang mit einem bösartigen, antisemitischen Zuschnitt sowie für einen „Vorspruch" und einen „Nachspruch", beides für Stolzing-Cernys Gesamtdramaturgie von entscheidender Bedeutung. Im „Vorspruch" stimmt ein Schauspieler die Besucher auf die vaterländisch-nationalistische Intention der folgenden Aufführung ein, an deren Ende er im „Nachspruch" eine Brücke schlägt von der eben erlebten, vom Verfasser sehr frei erfundenen historischen Handlung zur Lage Deutschlands nach dem durch „feigen Dolchstoß" und „Verrat" verlorenen Weltkrieg.

Der Vorspruch beschreibt die Zeit nach dem Tod von Kaiser Friedrich II., als Deutschland ohne Kaiser „in tiefer Schmach" vor dem Untergang stand, ehe dann in höchster Not mit Rudolf von Habsburg ein neuer Kaiser kam, der (als guter Deutscher!) das Reich rettete, indem er den böhmischen König Ottokar II. (den bösen Tschechen!), der die deutsche Kaiserkrone haben wollte, in der Schlacht auf dem Marchfeld besiegte. (Dass Rudolf von Habsburg als deutscher König nie vom Papst zum Kaiser gekrönt worden war, ist hier unerheblich. Wichtig scheint aber der Hinweis, dass Böhmens Bevölkerung im 13. Jahrhundert zum Großteil schon deutsch war und dass Ottokar dem Kollegium der deutschen Kurfürsten angehörte.)

Bei der Schilderung der eigentlichen Handlung unterschlägt Leonhard Göß eine eingeflochtene Geschichte mit drei „Wucherjuden". Gekleidet in Kaftan und spitzen Hüten sprechen sie mit jiddischem Akzent, einer prahlt damit, seine Füße seit einem halben

Titelseite des Textbuches

Jahr nicht gewaschen zu haben, alle sympathisieren mit Ottokar, weil sie sich unter dessen korrupter Herrschaft bessere Geschäfte versprechen. Im Gegensatz zu den Ipsheimer Bürgern weisen sie jede Bereitschaft zurück, mit in den Krieg zu ziehen[25], bieten diesen aber ergaunerte Waffen zum Kauf an.

Dass man vom Ausgang des Feldzuges bei der damaligen Nachrichtenübermittlung zu Hause erst ziemlich spät erfährt, nützen die drei Juden aus und erzählen den Ipsheimern, sie hätten über ihre speziellen Kanäle erfahren, dass die Schlacht für Rudolf verloren sei. Die Soldaten Ottokars wären im Anmarsch, würden alles mitnehmen, brandschatzen und die Frauen schänden. Aber sie als Juden hätten Schutzbriefe zu verkaufen. Könnte man diese vorzeigen, dann würde nichts passieren. Und prompt tauschen etliche Bürger solche gefälschten Schutzbriefe ein gegen Gold- und Silberschmuck. Doch da kommt die Botschaft, dass Ottokar getötet worden ist, und bald zieht Rudolf als Sieger in Ipsheim ein. Huldvoll erteilt er dem Ort das Marktrecht. Der in der Schlacht besonders tapfere Schmied wird zum Ritter geschlagen, weil er es gewesen sei, der den im Kampf vom Pferd gestürzten Rudolf das Leben gerettet hat. Die drei Juden verurteilt Rudolf zum Tode. Weil es ihm zu gut erscheint, solchen „Verrat zu strafen mit dem Tode durch Henkers Schwert, aus deutschem Stahl geschmiedet"[26], lässt er sie an Straßenbäumen aufhängen.

Der „Nachspruch" schildert die Situation Deutschlands nach dem „Dolchstoß" und stellt die Verbindung zum Mittelalter her.

Die Wucherjuden beim Umzug nach dem Festspiel

Ein Auszug:

„Ein Sklavenvolk sind wir geworden heute,
wir müssen fronden für die ganze Welt,
denn dort am Rheine steht der alte Feind

und seine Geißelhiebe fallen klatschend
hernieder auf den Leib Germanias!
In seinem Sold mißfarbig Krötervolk
schändet uns´re deutschen Frau´n,
und höhnisch grinst dazu der Juden Fratze!
Und jene Tschechen, die auf dem Marchfeld
auf´s Haupt einst schlug der fränk´sche Heeresbann,
sie halten Millionen deutscher Brüder
in Knechtschaft jetzt und gierig strecken sie
nach weit´rem deutschen Land die Arme aus.
Deutschland erwache!"

Dann rühmt der Sprecher die Burg Hoheneck und geht unverblümt zur nationalsozialistischen Propaganda über:

„Denn neuer Geist zog in das Bergschloß ein.
So ward Burg Hoheneck zur Sammelstätte
der Männer all im weiten Vaterlande,
die treu dem Schwur, den sie in düst´rer Stunde
sich selber einmal zugeschwor´n.
Und dieser Schwur, er sei das Bindeglied,
das alle Deutschen eint in einem Zeichen:
Es sind die Farben schwarz-weiß-rot,
doch drinnen flammt das heil´ge Hakenkreuz!
Deutschland erwach´ aus deiner Schmach und Schande!"[27]

Zum Abschluss folgt wie bei einem Gottesdienst ein gemeinsam gesungener Choral, der bereits – „leise verklingend" – im Stück vorgekommen ist, als die Krieger von Ipsheim zum Marchfeld zogen: „Helm auf! Helm auf! Treibt die Rosse mit Macht in Deutschlands Namen hinein in die Schlacht. Hilf uns, Herr Christe, streiten, dieweil wir müssen reiten und führ´ uns duch die Todesnacht!"

Die Aufführung und die Resonanz

Das Heimatfest beginnt an einem Samstag mit dem Begrüßungsabend, bei dem besonders der Burgherr Lehmann, der Dichter Stolzing-Cerny und die auswärtigen Schauspieler willkommen geheißen werden. Dann verliest Lehmann unter dem Beifall der Festteilnehmer ein Grußtelegramm des Reichspräsidenten Paul von Hindenburg. Darauf singen der Männerchor und der gemischte Chor des Vereins „Frohsinn" unter der „Meisterleitung" des Hauptlehrers und Kantors Höhenberger, worauf ein schöner Reigen folgt, den Leonhard Göß eingeübt hat. Schließlich tragen die eingeladenen Schauspieler Gedichte vor und ein

Bamberger Oberländer bietet zwei „von Herzen kommende Zeitgedichte". Am Sonntag gibt es nach dem Festgottesdienst mit der Predigt von Pfarrer Döderlein zunächst eine Kundgebung, bei der der Bürgermeister drei Ipsheimer Bürger, die 1806 bei der Vertreibung der Franzosen aus Ipsheim gefallen waren, als Vorbild für alle herausstellt. Dann folgt als Höhepunkt die Uraufführung des Festspieles „Arnold von Hoheneck". Die Hauptrollen haben an den ersten Spieltagen bekannte Berufsschauspieler übernommen, später sollen sie auf Ipsheimer Laiendarsteller übergehen. Den Kaiser Rudolf spielt der Münchner Hofschauspieler Max Bayrhammer (1867–1942)[28], der auch die Regie übernommen hat. Mit dabei als Waffenmeister Radolf ist auch der 1938 zum Intendanten des Bayerischen Staatsschauspiels ernannte Schüler Bayrhammers Alexander Golling (1905–1989). Bayrhammer war von Beginn an einer der Vorzeigekünstler der Nationalsozialisten, der ihren Großveranstaltungen in München eine künstlerische Weihe gegeben hat. Und Golling geht als „brauner Theaterfürst" in die Münchner Theatergeschichte ein. Der Theateraufführung schließen sich ein Umzug mit geschmückten Wagen aus allen umliegenden Gemeinden und ein Volksfest an, das bis spät in die Nacht dauert.

Der Einzug des Kaisers beim Festzug

Der in Nürnberg erscheinende, schon in der Weimarer Zeit nationalistisch ausgerichtete *Fränkische Kurier* berichtet ausführlich über das Ereignis. Das Festspiel sei von „nationalem Sehnen durchweht" und in der Darbietung „von höchst lobenswerter Art" gewesen. Beim Festzug sei der „Funke der Begeisterung nach allen

Seiten übergesprungen“[29]. Ganz anders sieht es die *Fränkische Tagespost*, die sozialdemokratische Tageszeitung. Sie schreibt, dass das ganze Heimatfest eine „Vergewaltigung der Heimat zu Hakenkreuzzwecken“ gewesen sei. Es wären nichts als Hakenkreuzfahnen zu sehen gewesen. Mittelalterliche Geschichtstatsachen seien herabgewürdigt worden zu „Judenhetze und Volksirreführung“. Volksschullehrer hätten ihre Schulkinder zum Festmarsch getrieben, die dort schwarz-weiß-rote Fahnen trugen und „Heil!“ riefen.[30] Im vertraulichen Bericht des den völkischen Gruppen und den Nationalsozialisten durchaus gewogenen Nürnberger Polizeipräsidenten Heinrich Gareis an das Innenministerium heißt es, dass die Veranstaltung „unter regster Beteiligung der Anhänger der völkischen Bewegung“ stattfand, besonders stark seien die Nürnberger Nationalsozialisten vertreten gewesen. Die Landbevölkerung habe die einzelnen Verbände begeistert begrüßt.[31]

Mit Entrüstung reagierten jüdische Bürger und Organisationen auf das Festspiel. So schreibt der Centralverein deutscher Staatsbürger jüdischen Glaubens: „Wenn diese drei, natürlich schon äußerlich typisch aufgemachten Gestalten, als Vertreter alles Schlechten und Niedrigen, unter dem Gejohle des Publikums ihre Gaunereien vollführen und unter stürmischem Beifall dann aufgehängt werden, so bedeutet dies – unter jetzigen Zeiten und vor einer ohnedies schon stark judenfeindlich bearbeiteten Hörerschaft, die sich zum grossen Teil aus Angehörigen von Landorten zusammensetzt – ein Mass der Aufreizung und Verhetzung, das kaum überboten werden kann.“[32] Von der Regierung von Mittelfranken verlangten sie die Verhinderung weiterer Aufführungen. Dem wurde nicht entsprochen, aber immerhin wies die Regierung das Bezirksamt Uffenheim an, den Besuch von Schulklassen zu untersagen, da das Stück auch Stellen enthalte, die vom sittlichen Standpunkt für Kinder ungeeignet seien. Der Chef des Bezirksamtes Uffenheim, Oberregierungsrat Eduard von Grundherr, der der Uraufführung beigewohnt hatte und dem nach eigenem Bekunden das Stück gut gefiel, wollte zwischen der Regierung und der sich gegen einen Ausschluss von Schülern wehrenden Festspielvereinigung vermitteln und schlug in seinem Verbotserlass ein paar Änderungen und Streichungen am Text vor, deren Beachtung den Besuch von Kindern ermöglichen würde. So wollte er in der Arnolds Sohn Walther betreffenden Passage „Wie glücklich wohl die Frau, die einst das Ehebett mit Walther teilt!“[33] das Wort „Ehebett“ durch „Ehelos“ ersetzen und ein Gespräch, in dem sich die drei Juden über Ottokars Frau und deren Liebhaber etwas anzüglich äußern, streichen. Ganz entfallen sollten auch die Szenen mit dem Betrug der Juden und deren Hinrichtung.[34]

Änderungen an der nationalsozialistischen Propaganda im „Nachwort" wurden von ihm nicht verlangt. Aber schon die anderen Vorschläge der Behörde brachten die Rechtsradikalen in Rage und ließen die politischen Wellen bis nach München schlagen. Weil Kultusminister Dr. Matt das Festspiel als unsittlich bezeichnet haben sollte, stellte der „Völkische Block" sogar eine Anfrage im Landtag. Dort beteuerte der Kultusminister, dass er keineswegs gesagt habe, das vaterländische Festspiel sei unsittlich. Er habe lediglich geäußert, dass es Stellen enthalte, die „vom sittlichen Standpunkte aus für Kinder ungeeignet seien". Dies beträfe insbesondere Äußerungen, in denen das eheliche Verhältnis des Böhmenkönigs zu seiner zweiten Frau und deren Liebhaber geschildert wird. Diese recht hilflose Argumentation nutzte Josef Stolzing-Cerny, um sich im *Völkischen Beobachter* über den Kultusminister lustig zu machen und dann im gleichen Artikel in unflätiger Weise die „Staatswanze" anzugreifen, die in Uffenheim das Schreiben verfasst hatte, mit dem der Besuch der Aufführungen durch Schulklassen verboten worden war. Er schreibt: „Gibt man es einer Sau ein, so krepiert das arme Vieh daran." Zur verlangten Streichung der Szenen mit den drei Wucherjuden fragt er, was denn unsittlich daran sei, wenn man Hoch- und Landesverräter aufhängt. In unserem Staatswesen sei der Begriff der Sittlichkeit wohl so verwirrt und korrumpiert, dass man Anstoß daran nehme, wenn auf einer Schaubühne ein Landesverräter zum Tode verurteilt wird, während einem „glühenden Patrioten wie Adolf Hitler das Reden in der Öffentlichkeit verboten wird". Und als leidenschaftlicher Antisemit nennt er als „eigentlichen Urheber des Verbotes" einen „inzwischen wegen widernatürlicher Unzucht verhafteten" Ansbacher Rabbiner.[35] Auch wenn das nachweislich frei erfunden war, griffen andere Zeitungen, wie der *Fränkische Kurier*, diese Behauptung Stolzing-Cernys als Tatsache auf und gossen damit weiter Öl in das antisemitische Feuer.

Der Chef des Bezirksamtes Uffenheim, Eduard von Grundherr, der mit der „Staatswanze" gemeint war, erstattete Anzeige, auch wenn er später vor Gericht bekundete, dass er sich persönlich nicht beleidigt fühle, aber die Autorität des Amtes geschädigt würde, wenn keine entsprechende Sühne erfolge. Das Schwurgericht München verurteilte Stolzing-Cerny, der wegen Beleidigung schon mehrfach vorbestraft war, am 26. April 1926 zu einer Gefängnisstrafe von einem Monat, die er als Wiederholungstäter auch absitzen musste.[36] Aber das Ipsheimer Festspiel fand auch weiterhin mit den „Wucherjuden" statt. Aus dem Jahr 1926 ist sogar eine Fotografie überliefert, die die drei Gestalten beim Festzug auf einem großen Leiterwagen mit einem Schild mit Richtungs-

Werbemarke für die Aufführungen 1926

pfeil und der Aufschrift „Nach Palästina" zeigt. – Erwähnt sei noch, dass die Gemeinde Ipsheim nach dem Festspiel von 1925 Julius Lehmann zu ihrem Ehrenbürger ernannte.

Ab 1928 wandte sich das Interesse des Frankenführers Julius Streicher immer stärker dem bei Wassertrüdingen gelegenen Hesselberg zu, weil dort bei Großveranstaltungen viel mehr Besucher Platz fanden als in Ipsheim und auf Hoheneck. Die Burg wurde nun zur zentralen Schulungsstätte der SA für ganz Süddeutschland. „Arnold von Hoheneck" dürfte 1930 zum letzten Mal aufgeführt worden sein[37], auch wenn mitunter das Jahr 1936 genannt wird. Doch gerieten Ipsheim und seine Burg auch ohne das Festspiel nicht in Vergessenheit. Nach der Machtübernahme der Nationalsozialisten kamen als neue Besuchergruppen Angehörige der als Ersatz für die verbotenen Gewerkschaften geschaffenen „Deutschen Arbeitsfront" und deren Reiseorganisation „Kraft durch Freude". So berichtet die *Windsbacher Zeitung* ausführlich von einem Sonderzug, der am 17. Juni 1935 sechshundert Nürnberger in den dafür festlich beflaggten Ort bringt. Begrüßt werden die „Volksgenossen" vom Bürgermeister und dem Ortsobmann der „Deutschen Arbeitsfront", der zugleich Sturmbannführer der örtlichen SA ist. In seiner Rede lässt der zackig auftretende SA-Mann die Besucher wissen, dass in Ipsheim Julius Streicher die erste Versammlung außerhalb Nürnbergs abgehalten hat und dass „von hier aus die Stunde der Erlösung unseres Vaterlandes mit vorbereitet worden ist". Zum Schluss seiner Rede bringt er ein dreifaches „Sieg Heil!“ auf den Führer aus.[38] Es ist derselbe „SA-Mann 1“, der 1921 die SA Ipsheim gegründet und 1923 die Ipsheimer Fahne auf dem Reichsparteitag in München getragen hat. Jetzt ist er neben dem mitunter zu Gewalttätigkeiten neigenden NS-Bürgermeister Hans Gumbrecht, einem Landwirt, und dem NSDAP-Ortsgruppenleiter Fritz Kopp der mächtigste Mann in Ipsheim. Wie sehr er von der Wichtigkeit seiner eigenen Person überzeugt gewesen ist, mag eine Episode vom April 1936 zeigen. Obwohl es in Ipsheim gar keine Juden gab, hatte man am Ortsrand eine „Judentafel“ aufgestellt, auf der ein SA-Mann einen Juden forttreibt. Wegen der bevorstehenden Olympischen Spiele in Berlin hätte die von einem Windsheimer Malermeister angefertigte Tafel gemäß einer Anweisung der Bayerischen Politischen Polizei vom Oktober 1935 eigentlich schon längst entfernt werden müssen.[39] „SA-Mann 1“ beobachtete, wie diese Tafel aus einem Auto heraus fotografiert wurde. Er war überzeugt, dass das Bild für das Ausland bestimmt sei und dadurch für das Deutsche Reich Schwierigkeiten entstehen könnten. Deshalb stellte er die Insassen des Kraftfahrzeugs zur Rede. Als er nur ausweichende Antworten bekam, notierte er die Kfz-Nummer, fuhr nach Uffenheim und verlangte von der Gendarmerie die Feststellung der Personalien der Insassen. Über mehrere Stationen ermittelte die Polizei den Fotografen. Es war der katholische Pfarrer aus Adelsdorf, der beim Verhör angab, die Tafel für einen originellen Wegweiser gehalten zu haben und es in der heutigen Zeit doch erwünscht sei, „Volkstümlichkeiten festzuhalten“. Für ihn wäre das Foto nur ein Reiseandenken gewesen.[40]

Judentafel am Ortsrand von Bad Windsheim. Die gleiche Tafel stand in Ipsheim.

Verdrängung und Verfälschung von Geschichte

Der „SA-Mann 1“ ist auch derjenige, der 1924 den Impuls für das vaterländische Festspiel gegeben hat, auf das seine NSDAP-Ortsgruppe Ipsheim noch lange stolz zurückblickt als „erstes antisemitisches Festspiel Deutschlands".[41] Und er ist auch derselbe, der dieses Ereignis 1955 in der *Windsheimer Zeitung* wieder in Erinnerung gerufen hat als das „stolze Werk, das auch heute noch Ipsheim Ehre macht". Es ist Leonhard Göß, der Ehrenoberturnwart.

Göß hat dem nationalsozialistischen Staat bis zuletzt gedient. Er brachte es zum Hauptsturmführer und wurde noch 1944 Hauptstellenleiter der NSDAP für das Landvolk im Kreis Neustadt Aisch, was ihm die drohende Einberufung zum Endkampf in der Wehrmacht ersparte. Dafür kommandierte er gegen Kriegsende den Volkssturm in Ipsheim. Die bei seinem Verfahren vor der Spruchkammer Windsheim befragten Ipsheimer Mitbürger schildern ihn als strammen SA-Mann, der großspurig auftrat, vom Nationalsozialismus zutiefst überzeugt war und immer wieder die Floskel „unser Führer" gebrauchte.

SA-Hauptsturmführer Leonhard Göß

Leonhard Göß, der als Schlosser beim Überlandwerk Ipsheim beschäftigt war, betätigte sich außerhalb seiner Parteitätigkeit schon in der Weimarer Zeit als Ipsheimer Lokalreporter für die *Windsheimer Zeitung*, einem Blatt, das schon lange völkisch orientiert war, ab 1933 aber ganz im Sinne der nationalsozialistischen Machthaber berichtete. So verging kaum eine Woche ohne einen Artikel, in dem nicht gegen die Juden gehetzt wurde. Besonders der Herausgeber Hermann Delp (1890–1973) tat sich mit antisemitischen Artikeln hervor. Göß beschränkte sich auf Ipsheim, wobei ihm seine eigenen Parteiveranstaltungen am wichtigsten waren und er selbst sich dabei ins rechte Licht rückte. So schließt ein Bericht über die Weihnachtsfeier der SA im Jahr 1935 mit dem Satz: „Pg. *Göß* hielt eine sinnige Weihnachtsansprache und gedachte des Führers, den uns Gott als Retter gesandt hat."[42]. Zu einem Kameradschaftsabend der SA zu Hitlers Geburtstag im Jahr 1938 schreibt er: „*Göß* eröffnete den Abend durch ein

Bekenntnis zum Führer. In seiner Ansprache ließ er das Leben des Führers in großen Zügen vorüberziehen. Als Dank für all das Große, das der Führer für sein Volk getan hat, gibt es nur eines: Treue zu ihm. Wir als SA-Männer, so betonte der Sturmhauptführer, können dem Führer kein besseres Geburtstagsgeschenk darbringen als das erneute Gelöbnis unserer unwandelbaren Treue und Einsatzbereitschaft; ja noch mehr, unser ganzes Leben soll dem Führer gehören. Mit einem begeistert aufgenommenen Sieg Heil auf den Führer schloss die Ansprache."[43]

Dass Göß als „alter Kämpfer" mit der sehr niedrigen Mitgliedsnummer 32.887 im Gegensatz zu einer ganzen Reihe anderer Ipsheimer Parteigenossen nie das Goldene Parteiabzeichen bekommen hat, mag verwundern, liegt aber daran, dass er seine Mitgliedschaft 1927 für fast zwei Jahre unterbrochen hat. Als Grund dafür gibt er in diversen Lebensläufen oder für das Stammbuch der NSDAP abwechselnd „Abwesenheit", „persönliche Angelegenheit" oder „persönliche Schwierigkeiten" an. Die eigentliche Ursache dürfte eine halbjährige Gefängnisstrafe für eine Straftat außerhalb des politischen Raumes gewesen sein, die seiner Parteikarriere im Wege stand. Seine engsten Parteigenossen könnten ihm (evtl. vor dem Urteilsspruch) geraten haben, die Partei vorübergehend zu verlassen, um den Makel „nach oben hin" zu vertuschen. Auch die Amerikaner erfuhren es später nicht und schrieben in einem Dossier von 1948: „His membership restet von 4 Apr 1927 till 1 April 1929 because of unknown whereabouts"[44]. Nur der frühere Chef von Leonhard Göß, der Leiter des Überlandwerks Ipsheim, Hans Düll, erklärte in seinem Spruchkammerverfahren von 1946: „Göß war im Betrieb des Überlandwerkes als Maschinist tätig und 1927 wegen eines Sittlichkeitsverbrechens zu 6 Monaten Haft verurteilt worden."[45] Dass Göß vorbestraft war, auch wenn er dies anlässlich seiner Einstellung als hauptberuflicher Mitarbeiter der NSDAP in Neustadt im Fragebogen ausdrücklich verneint hat, geht auch aus einem Schriftstück der Staatsanwaltschaft Nürnberg vom August 1936 hervor, die, wohl im Zusammenhang mit einer beantragten Ordensverleihung, dem Bezirksamt Uffenheim auf eine routinemäßige Anfrage nach evtl. Vorstrafen von Leonhard Göß mitteilt, dass eine „Strafliste" vorliegt „für Göß; Johann, geb. 16. 9. 1896 zu Ipsheim, Eltern Andreas Göß und Dorothea Bayer". Die Staatsanwaltschaft fragt, ob diese Person in Frage käme. Fast alle Daten stimmen überein, Johann ist tatsächlich der zweite, allerdings nie gebrauchte Vorname von Leonhard Göß. Geboren ist er jedoch nicht in Ipsheim, sondern in Oberndorf. Das waren offensichtlich Gründe genug, die Rückfrage der Staatsanwaltschaft nicht weiter zu verfolgen. Stattdessen stellte Bürgermeister Gumbrecht seinem Freund Göß ein amtliches Zeugnis aus, „dass gegen seinen Leumund Nachteiliges hierorts nicht bekannt ist".[46]

Die Amerikaner internierten Göß bis Ende 1947 in einem Lager in Moosburg, die Spruchkammer Bad Windsheim stufte ihn 1948 als „minderbelastet" ein. Vor einem härteren Spruch bewahrte ihn eine Reihe positiver Stellungnahmen (im Volksmund „Persilscheine" genannt) von Ipsheimer Bürgern.[47] Positiv wird ihm vor allem angerechnet, dass er als Führer des Volkssturmes vor dem Einmarsch der Amerikaner die aufgebauten Panzersperren nicht bewachen ließ, sodass sie die Bevölkerung rechtzeitig entfernen konnte und so Ipsheim im Gegensatz zu anderen Orten von Artilleriebeschuss verschont geblieben ist. (Hans Gumbert, der NS-Bürgermeister, reklamiert zu seiner Entlastung vor der Spruchkammer für sich, die Weisung gegeben zu haben, die Hindernisse wegzuräumen.[48])

Göß arbeitete jetzt wieder im erlernten Beruf als Schlosser in einem einheimischen Betrieb. Auch für die im Jahr 1949 wieder zugelassene *Windsheimer Zeitung* durfte er nach Ablauf einer von der Spruchkammer auferlegten Bewährungsfrist von neun Monaten erneut Berichte über lokale Ereignisse schreiben. Als sein Stammverein TSV Ipsheim, dessen Vorsitzender er in den 1920er-Jahren gewesen war, in personelle Schwierigkeiten gerät, holt ihn der 1951 amtierende Vorsitzende Fritz Kopp, der frühere NSDAP-Ortsgruppenleiter, als Turnwart erneut ins Boot, um den laufenden Betrieb zu organisieren. Göß hält für den Verein auch Vorträge, wie etwa über den Turnvater Jahn, der den Sport als vormilitärische Jugenderziehung verstanden hatte. Vor allem übernimmt er Festreden. Deren Inhalt und phrasenhafter Stil zeigen, dass sich an seiner deutschnationalen Grundhaltung wenig geändert hat. Bei der Einweihung einer von ihm angeregten Gedenkstätte für gefallene Vereinsmitglieder spricht er z. B. von den „auf dem Feld der Ehre für ihre Heimat und ihr Vaterland gestorbenen Turnbrüdern".[49] Er wird Ehrenmitglied des Vereins, wird in den Bezirksvorstand des Landessportverbandes gewählt und ist ein allseits geachteter Mann.

Eine Nazivergangenheit zu haben, ist zehn Jahre nach dem Krieg kein Makel mehr. Das dunkelste Kapitel der deutschen Geschichte scheint abgehakt zu sein. Nach einer Allensbachumfrage vom Mai 1955 meint die Hälfte aller Deutschen, Hitler sei ohne den Krieg einer der größten Staatsmänner gewesen.[50] Jetzt wühlen die Menschen nicht in der jüngsten Vergangenheit, sondern blicken nach vorne. Wirtschaftlich geht es aufwärts, das Schlagwort vom Wirtschaftswunder ist geboren. Kaum jemand regt sich darüber auf, dass die alten Eliten in Verwaltung, Justiz und

Bildung längst wieder ihre früheren Positionen eingenommen haben. 85 % der mittleren und höheren NSDAP- und SS-Führer erhalten, soweit sie vor 1933 Beamte waren, ihre vollen Pensionsbezüge. Chef des Kanzleramtes unter Bundeskanzler Adenauer ist seit 1953 Staatssekretär Hans Josef Maria Globke (1898–1973), der als Verwaltungsjurist im Reichsinnenministerium die Kommentare und Ausführungsbestimmungen zu den Nürnberger Rassegesetzen von 1935 mitverfasst hat. Als Bundesminister für Vertriebene, Flüchtlinge und Kriegsgeschädigte fungiert Theodor Oberländer (1905–1998), der am Hitlerputsch von 1923 beteiligt war und 1939 die ethnische Säuberung des annektierten Westpolens gefordert hatte. Mit der neuen Bundeswehr erfolgt die Wiederbewaffnung Deutschlands vornehmlich mit Offizieren der früheren Wehrmacht. Auch Reinhard Gehlen (1906–1979), Generalmajor der Wehrmacht und Chef der Ostspionage, holt als erster Präsident des Bundesnachrichtendienstes vor allem ehemalige Wehrmachtsoffiziere und SS-Leute als Mitarbeiter.

Im nicht weit von Ipsheim entfernten Rothenburg darf der gleiche Künstler, der 1938 besonders fiese Judentafeln gemalt hat, die Wandbilder für die neue Grundschule entwerfen, und die Stadtväter benennen 1955 einstimmig die Obere Bahnhofstraße in Ludwig-Siebert-Straße um nach dem hier bis 1919 amtierenden Bürgermeister Ludwig Siebert (1874–1942), aktiver Nationalsozialist, hoher SA-Führer und Antisemit, der 1933 von den Nationalsozialisten zum bayerischen Ministerpräsidenten ernannt worden war. Im Geschichtsunterricht der Schulen spielt der Nationalsozialismus 1955 keine Rolle, aber für die Büchereien der bayerischen Schulen dürfen Bücher gekauft werden, die die Heldentaten der deutschen Luftwaffe verherrlichen.[51] Auch im nach wie vor existierenden Verlag Lehmann erscheinen neue Taschenbücher über deutsche Panzer, über Schiffe der deutschen Kriegsmarine und über deutsche Waffen und Geheimwaffen im Zweiten Weltkrieg. Der Dachauer Landrat verlangt im Juli 1955 die Beseitigung des Krematoriums im ehemaligen Konzentrationslager Dachau und der stellvertretende bayerische Ministerpräsident Josef Baumgartner (1904–1964) fordert, „endlich müsse mit der Diffamierung des Dachauer Landes ein Ende gemacht werden, denn es sei unmöglich, dass ein Landstrich ständig mit den KZ-Verbrechen belastet bleibe".

In einem solchen Klima von Vergessen, Verdrängen und Schönfärberei bietet die *Windsheimer Zeitung* unter ihrem früheren und neuen Herausgeber Hermann Delp, dessen Namen heute die Grundschule in Windsheim trägt, dem nach wie vor nationalkonservativ gesonnenen, noch längst nicht demokratisch domestizierten Leonhard Göß die Gelegenheit, an das 30 Jahre zurückliegende Heimatfest zu erinnern, auf dessen Urheberschaft er immer noch stolz ist. Das Ergebnis kann nur ein verklärtes, niedrige Beweggründe und üble Begleiterscheinungen ausblendendes Geschichtsbild mit einer dementsprechend verlogenen, vaterländischen Moral sein: Eine an ein großes Ziel glaubende Gemeinschaft hat Erfolg, wenn alle einig sind, zusammenhalten und bereit sind, sich diesem Ziel unterzuordnen.

Als Göß 1974 stirbt, würdigt ihn die *Windsheimer Zeitung*, die seit 1970 mit den eher linksliberalen *Nürnberger Nachrichten* kooperiert, in einem Nachruf als ein Vorbild für die Jugend und als jemand, der sich um die Heimatgeschichte Ipsheims sehr verdient gemacht hat. Sein Name würde unvergessen bleiben.[52]

Fazit

Der Bericht von Leonhard Göß über das Festspiel „Arnold von Hoheneck" aus dem Jahr 1955 stellt in mehrfacher Hinsicht eine eklatante Geschichtsverfälschung dar, ebenso wie die Umdeutung seiner Person zu einem glaubwürdigen Zeitzeugen und seriösen Vermittler von Heimatgeschichte. Auch seine Herausstellung als ein Vorbild für die Jugend in einer demokratischen Gesellschaft geht völlig daneben. Die erneute Glorifizierung des fast 90 Jahre zurückliegenden Heimatfestes einschließlich des antisemitischen, nationalistischen Festspiels ist vor allem deshalb sehr unverantwortlich, weil die Erinnerung daran nach Jahrzehnten ausgegraben und und dabei wie falsch erworbenes Geld reingewaschen wird durch den Abdruck im Vereinsheft des TSV Ipsheim, das als neue Geschichtsquelle von vielen Leuten der heutigen Generation gelesen und damit ernst genommen wird.

Zur möglichen Entschuldigung der Verantwortlichen kann bestenfalls gesagt werden, dass seit Beginn der 1970er-Jahre zwar die Geschichte des Nationalsozialismus von seiner Entstehung bis zum Kriegsende 1945 zunehmend besser erforscht, aufgearbeitet und vermittelt worden ist, dass aber bis in die Gegenwart hinein die für ein vollständiges Bild der Wirkungsgeschichte der Nationalsozialisten wichtigen restaurativen Anfangsjahre der Bundesrepublik sträflich vernachlässigt worden sind. Sonst hätte man beim TSV Ipsheim auch unabhängig vom nationalistisch geprägten Schreibstil des Verfassers die Brisanz erkennen müssen, die in der unreflektierten Wiedergabe eines in den 1950er-Jahren verfassten „Zeitzeugenberichtes" eines überzeugten Nationalsozialisten liegt. Und man hätte es wohl unterlassen, die Hoffnung auszudrücken, das Festspiel „Arnold von Hoheneck" möge in Ipsheim bald wieder aufgeführt werden.

Anmerkungen

[1] TSV 1910 Ipsheim e.V., Sportissimo Nr. 22, Ipsheim 2014, S. 28 f.
[2] Windsheimer Zeitung vom 28. 6. 1955, Windsheim 1955.
[3] Christoph Rückert, Ipsheim – Die Chronik eines fränkischen Dorfes, Ipsheim 1989.
[4] Rudolf von Sobottendorf: Bevor Hitler kam. Urkundliches aus der Frühzeit der Bewegung. München 1933, S. 62.
[5] Ernst Willi Hansen: Wehrtechnik und Wehrwissenschaften im J.F. Lehmanns Verlag 1898-1978, in: Sigrid Stöckel (Hrsg.): Die „rechte Nation" und ihr Verleger, Berlin 2002, S. 142.
[6] Mario Heidler: Biographische Skizze der Familie Lehmann/Spatz, in: Sigrid Stöckel (Hrsg.): „Die „rechte Nation" und ihr Verleger, Berlin 2002, S. 22.
[7] Ebd S. 22.
[8] Staatsarchiv Nürnberg, Kataster Holzhausen Nr. 11 Bd 1, Grundsteuer-Kataster-Umschreibheft Ew-A Nr. Ia17.
[9] Staatsarchiv Nürnberg, Regierung K.d.I. Abg. 1968 B S Nr. 353.
[10] Staatsarchiv Nürnberg, BA Uffenheim an RvM, KdI II, 714.
[11] Christoph Rückert: Ipsheim – die Chronik eines fränkischen Dorfes, Ipsheim 1989, S. 83.
[12] Staatsarchiv Nürnberg, Spruchkammer Windsheim G-74.
[13] Saniel Roos, Julius Streicher und der Stürmer 1923-1945, S. 21.
[14] Staatsarchiv Nürnberg, Spruchkammer Windsheim G-74.
[15] Thomas Greif: Frankens braune Wallfahrt. Der Hesselberg im Dritten Reich, Ansbach 2007, S. 65.
[16] Manfred Kittel, Provinz zwischen Reich und Republik, München 2000, S. 159.
[17] Die Hohenecker Gilde, 10. Rundbrief (Ferienheft 1924), Augsburg 1924. S. 7.
[18] Manfred Kittel, Provinz zwischen Reich und Republik, München 2000, S. 378.
[19] Staatsarchiv Nürnberg LRA Uffenheim-Abg. 1956 Nr. 1813.
[20] Staatsarchiv Nürnberg-LRA Uffenheim-Abg. 1956 Nr. 1813.
[21] Windsheimer Zeitung Nr. 266 vom 14.11.1927.
[22] Sigrid Stöckel (Hrsg.): Die „rechte Nation" und ihr Verleger, Heidelberg 2002, S. 73.
[23] Othmar Plöckinger, Geschichte eines Buches: Adolf Hitler „Mein Kampf" , München 2006, S. 131.
[24] Josef Stolzing, Arnold von Hoheneck, Ein vaterländisches Festspiel, München 1925.
[25] Anmerkung: Stolzing übergeht, dass Juden damals gar keine Waffen tragen durften.
[26] Josef Stolzing, Arnold von Hoheneck, Ein vaterländisches Festspiel,

München 1925, S. 91.
[27] Josef Stolzing, Arnold von Hoheneck, Ein vaterländisches Festspiel, München 1925, S. 95–98.
[28] Max Bayrhammer ist der Vater des bekannten Volksschauspielers Gustl Bayrhammer (1922-1993), der den Meister Eder in der Fernsehserie „Pumuckl" gespielt hat.
[29] Fränkischer Kurier Nr. 181 vom 2. Juli 1925, Nürnberg 1925.
[30] Fränkische Tagespost Nr. 177 vom 2. Juli 1925, Nürnberg 1925.
[31] Staatsarchiv Nürnberg, Reg. v. Mfr., Kdl - Abg. 1968 Tit II, Nr. 106.
[32] Staatsarchiv Nürnberg, Reg. v. Mfr., Kdl - Abg. 1968 Tit II, Nr. 106.
[33] Josef Stolzing, Arnold von Hoheneck, Ein Vaterländisches Festspiel, München 1925, S. 17.
[34] Staatsarchiv Nürnberg, Reg. v. Mfr., Kdl - Abg. 1968 Tit II, Nr. 106.
[35] Völkischer Beobachter vom 3. Oktober 1925, München 1925, S. 2.
[36] Staatsarchiv Nürnberg, Reg.v.Mfr.Kdl-Abg. 1968 Tit II Nr. 106.
[37] Thomas Greif, Frankens braune Wallfahrt – der Hesselberg im Dritten Reich, Ansbach 2007, S. 68.
[38] Windsheimer Zeitung Nr. 139 vom 18. Juni 1935, Windsheim 1935.
[39] Staatsarchiv Nürnberg, LRA Uffenheim, Abg. 1956, Nr. 903.
[40] Zitiert nach Horst Steinmetz / Helmut Hofmann, Die Juden in Windsheim nach 1871, Bad Windsheim 1994, S. 315.
[41] Thomas Greif, Frankens braune Wallfahrt – Der Hesselberg im Dritten Reich, Ansbach 2006, S. 66.
[42] Windsheimer Zeitung Nr. 303 vom 29. Dezember 1934.
[43] Windsheimer Zeitung Nr. 94 vom 23. April 1938.
[44] Bundesarchiv Berlin, R 9361 II, Nr. 303839.
[45] Staatsarchiv Nürnberg, Spruchkammer Windsheim, D-111.
[46] Bundesarchiv Berlin, R 9361 II, Nr. 303839.
[47] Staatsarchiv Nürnberg Spruchkammer Windsheim, G-74.
[48] Staatsarchiv Nürnberg, Spruchkammer Windheim, G-144.
[49] Zitiert nach Sportissimo, Vereinszeitung TSV Ipsheim, Ausgabe 2/2009, Ipsheim 2009, S. 24.
[50] Hans-Peter Schwarz, Die Ära Adenauer, Stuttgart / Wiesbaden 1981, S. 432.
[51] Metall. Zeitung der IG-Metall für die Bundesrepublik Deutschland 14 vom 18 Juli 1956.
[52] Windsheimer Zeitung vom 5. Oktober 1974, Windsheim 1974.

Bildnachweis

S. 87: Nürnberg Luftbild Hajo Dietz
S. 89: Germanisches Nationalmuseum Nürnberg
S. 91: privat
S. 93: Dokumentationszentrum Nürnberg
S. 99: Kopie aus der Windsheimer Zeitung
S. 100: Dokumentationszentrum Nürnberg
S. 101: privat
S. 102: privat
S. 103: privat
S. 104: privat
S. 107: Gemeindearchiv Ipsheim
S. 109: Gemeindearchiv Ipsheim
S. 113: Staatsarchiv Nürnberg
S. 114: privat
S. 121 oben: Gemeindearchiv Ipsheim
S. 121 unten: Staatsarchiv Nürnberg

Der sechsjährige Hermann Glaser im Kreise seiner Familie 1934; von links: Otto Glaser, Hermann Glaser, Hermine Glaser und ihre Schwester Paula; Foto aus: Hermann Glaser - Lebensspuren - Gedankenwelten, 80 Jahre, Reihe „Auf den Spuren der Dichter und Denker" im Schrenk-Verlag, Gunzenhausen 2008, S. 15.

Hermann Glaser

Unter Volksgenossen – Jugend in Mainfranken

Mütterlicherseits in der Rhön und im Haßgau wurzelnd

Aborte hatte man in den Bauernhäusern der Rhön nicht. Man ging in den Stall; der wurde ja zweimal am Tag ausgemistet. Wie uns Kindern ekelte, wenn wir auf Besuch waren! Mist und Kot waren für uns ein großer Unterschied; der Mist war würzig. Wir liebten die Stallluft; ansonsten nahmen wir tagelange Verstopfung in Kauf. Der Großonkel war von der Sonne gegerbt; wie Leder, das nicht schmutzig wird. Der Klee roch wunderbar, wenn man ihn abends um acht schnitt und frisch den Kühen vorwarf. Ein Sohn wurde dann Lehrer. Über die Lehrerbildungsanstalt. Er erforschte die Heimat und schenkte mir einen Stammbaum, der deutlich machte, dass die Familie auf dem Hof schon seit 1700 saß. Der Hof war deshalb nicht größer geworden. Die Gräber waren sehr ordentlich gehalten. Die einzige Tochter beging Selbstmord. Auf dem untersten Ast der Stammbaumeiche wurde ein Kreuz eingetragen. Bei den anderen, alles Söhne, blieb der Platz neben den Sternchen (sie waren 1925, 1927 und 1932 geboren) frei. Ich erkundigte mich, wie es ihnen gehe; einer erbat Material über Regiomontanus. Er schrieb in der Heimatzeitung zu dessen Jubiläum. Ich weiß nicht, war es ein Todes- oder Geburtsjahr; jedenfalls ein Jahr runder Art. Es ging ihnen offensichtlich gut. H. sei in Salzgitter bei der Industrie. Wo es doch in der Rhön so schön ist.

Landschaft mit Vorfahren breitet sich aus: irgendwo im Norden ein Dörflein, von dem die Familie mütterlicherseits kam. Die Konturen des Orts sind genauso verschwommen wie das Profil der Urgroßmutter; immerhin konnte man in der Schule stolz auf solche bodenverwurzelte Langlebigkeit hinweisen. Ein altes „Fräle", gebeugt vom Kinderkriegen und Ährenlesen. Im Haus Geruch von Kuhstall, verschwitzten Arbeitskitteln und Sauerbier; selbstgebackenes Brot unterm Sturz. Das sah aus wie die Holzschnitte in unserem Lesebuch.

Garten als Refugium

Meine Großmutter wies mir eines Tages ein Stück Ackerland hinter dem Haus zu; ich könne mich dort gärtnerisch betätigen. Mein Wunsch, Tomaten und Salat, Radieschen und Bohnen anzubauen (Blumen lagen mir weniger im Sinn), war freilich bei ihr zunächst auf taube Ohren gestoßen; ich sei noch zu klein, würde das Gartengeschäft nicht verstehen – man müsse zum Beispiel bei heißem Sommer jeden Tag gießen, ich hätte doch jeden Tag genug Schulaufgaben zu machen ... Jedenfalls bedurfte es einiger Beharrlichkeit, um mich durchzusetzen; was herauskam, war ein Kompromiss. In ihrem Hausgarten bekam ich keine Beete; da wäre mein vermutetes Versagen zu kostspielig gewesen – schließlich handelte es sich um gute, fruchtbare Humuserde; aber auf dem kargen Acker durfte ich mein Glück versuchen; wenn die Urbarmachung daneben ging – das Risiko hielt sich in Grenzen.

Als erstes baute ich, mit vielen konstruktiven Mühen, einen Drahtzaun ums Grundstück; er war nicht sehr lang, denn was es einzuhegen galt, war nicht sehr groß. Dann kaufte ich mir beim Krämer ein kleines Gartenbüchlein, das, wenn ich mich recht erinnere, mehr lyrisch inspirierte als handwerklich informierte: „Wenn die ersten Strahlen der Frühlingssonne die Erde nach langem Winterschlaf wieder erwärmen, ist es auch für unseren Gärtner Zeit ...".

Zeit war es jedenfalls, in der Gärtnerei nebenan einige Salatpflänzchen zu kaufen (sie erfroren zunächst einmal), dann Bohnen zu stecken, Radieschen auszusäen und – nun kamen doch Blumen ins Spiel! – Wickensamen am Zaun zu stecken. Da ich den Boden gut gedüngt hatte, in Nachahmung der großmütterlichen Verfahrensweise, ferner recht gründlich umgegraben, und zwar mehrfach, gelang mein gärtnerischer Versuch recht gut, mit dem Ergebnis, dass ich im nächsten Jahr ein wesentlich größeres Terrain erhielt.

Von daher datiert meine Liebe zum Garten, aber auch meine gärtnerische Pedanterie. Dafür bedarf es im Zeichen des ökologischen Naturgartens eines gewissen Mutes: Ich bin nicht nur ein leidenschaftlicher, sondern ein dem Reglement zugetaner Gärtner. Ich mag nicht, wenn das Gras in die Beete hineinwuchert, wenn die Geometrie der Anlage (eine ordentliche Asymmetrie eingeschlossen) gestört ist. Bei den Bäumen bin ich freilich romantisch gesonnen: sie sollen nicht gestutzt und nicht zugeschnitten werden.

Unbewusst hatte ich als Kind das Wesen des Gartens begriffen: Abgrenzung. Als der Mensch sesshaft wurde, hat er wohl schon die ersten Gärten angelegt: nämlich ein Stück Land eingegrenzt, gegenüber feindlichen Menschen und wilden Tieren geschützt. Möglicherweise ging der umzäunte Garten dem sich ins Offene erstreckenden Ackerland voraus.

Und dann war da die Ansicht des Gartens als Friedensort ein Miteinander des Vegetativen. Mitten im Krieg. Auf dem Land war zwar die Angst vor Luftangriffen gering; oft aber überflogen die Bombergeschwader das Dorf. Doch in der Abendstunde war es meist ruhig (ehe die Formationen der Nachtangriffe den Himmel durchdröhnten). In mein Gärtchen konnte ich mich wegen Platzmangels nicht setzen; aber in der Dämmerung holte ich mir einen Stuhl und sah von außen auf die nach dem Gießen mit Wasserperlen benetzten Pflanzen; ich genoss, was ich später bei Hölderlin las:

„... Am Abendhimmel blühet ein Frühling auf;
Unzählig blühn die Rosen und ruhig scheint
Die goldne Welt; o dorthin nimmt mich
Purpurne Wolken! ..."

Ich ahne: so war es nie; und ich weiß: so ist es doch gewesen. Heimat.

Ein Ausflug nach Thüringen

So einen Wald beschreiben können. „Thüringer Wald" fließt dir wie Tannenzapfenhonig in die Feder. Schwer, hemmend, beglückend. Die staubige Straße; schmal; sicherlich nicht mehr als zwei Autos am Tag; z. B. vormittags ein Opel P4; nachmittags ein Adler-Trumpf-Junior. Auf dem Rücksitz des Kabrioletts fährt dir die Luft durchs Haar. Ich erinnerte mich dran, als ich in Kolonne an Göttingen vorbeifuhr. Geschwindigkeitsbegrenzung 120 km/h. Man verbreitert die Autobahn. Vierzig Kilometer fuhr man damals – Vorderradantrieb; 1977 erzählte mir ein Amerikaner bei Bloomington, dass er antique cars kaufe; Adler auch, aber nicht sehr teuer. Ob er wohl den sandigen Berg hinaufkommt? Der Wald so dunkel. Die Steinpilze werden geschnitten, in Scheiben aufgefädelt und getrocknet. Bei jeder Scheibe siehst du sie vor dir, wie sie im Moos standen. In der Suppe sind sie dann enttäuschend. Fade. Schwammig. Die fetten Äste der Tannen. Von Spinnweben bespannt, die schrägen Strahlen der Sonne bringen die Tautropfen regenbogenbunt zum Glitzern. Zerdrücken durfte man keine Spinne; sogar eine Stubenfliege wurde im Winter über die Runden gebracht, gefüttert. Das war dann zu einer Zeit, als Menschenleben nichts mehr galten.

Abends kehrte man staubbedeckt vom Ausflug zurück. Man roch nach Benzin, Sonne und Autopolstern. Mittags kalte Koteletts, Brot, Tee. Man trank ihn aus einer Feldflasche. Das Taschentuch wurde geknotet und aufgesetzt, um vor den Sonnenstrahlen zu schützen; als man aus dem Wald wieder herausgekommen war, in der Ferne die niedlichen Dörfer. Die Autodecke, ein schönes buntes Muster; sie war strapazierfähig, kratzte an den Beinen. Die Kniestrümpfe wurden heruntergerollt. Dabei sah man, dass man an den Beinen noch ganz weiß war. Schwimmen war in der

Familie nicht beliebt. Meine Mutter war froh, dass sie früh genug einen Ausschlag bekommen hatte; so erzählte sie zeitlebens, dass sie nicht habe schwimmen lernen können, da der Ausschlag sie daran gehindert habe.

Vor den meisten Dörfern ein Schild – Juden sind hier unerwünscht!

Gäste aus dem Ruhrgebiet

Es war ein großes Ereignis, wenn die Gelenks aus dem Ruhrgebiet kamen; da wurden die besten Zimmer, und zwar schon Tage vorher und mehrere Tage lang, hergerichtet: für die alte Dame, die Tochter, die junge Frau, den Senior und den Juniorchef. Irgendwo droben im Wald hatten sie eine Jagd gepachtet; dort war auch eine Jagdhütte, in die später, als die Bombennächte in den Großstädten immer länger und schwerer wurden, die alte Dame zog. Eines Tages wurde sie tot (Herzschlag) aufgefunden. – Was die Gelenks produzierten, weiß ich nicht; sie florierten mit dem Dritten Reich, aber nicht so, dass sie nicht auch ohne die Nazis floriert hätten.

Vom Politischen waren sie leicht distanziert; das fiel ihnen auch nicht schwer, denn wenn sie da waren und der Duft von Eau de Cologne, die schicke Jagdausrüstung und die unterkühlte Redeweise wie eine Aura sie umgaben, wurden die kleinstädtischen Parteifunktionäre kleinlaut. Sie grüßten zackig, aber ohne Aufdringlichkeit. Die Herrschaft von fern, die sicher irgendwie mit den großen Tieren von Wirtschaft und Arbeitsfront zu tun hatte, war wieder da. Dass man auch von Welt war, zeigte der Ortsgruppenleiter, indem er seine Verbindungen zur oberen Parteiführung hervorkehrte; zudem war er einst zu einer Schulung im Ruhrgebiet gewesen. Die Bedeutung von Blut-und-Eisen, von Hochöfen und der Stahlproduktion war sowieso allen klar. – Die Gelenks speisten im Nebenzimmer, was zwar nicht so gemütlich, aber vornehmer war; die Kinder sollten nicht stören und recht brav sein und immer grüßen am Morgen, am Mittag, am Abend; aber „ Heil Hitler!" brauchten sie nicht zu sagen. Der Großvater kam gleich zweimal in die Küche und fragte, ob die Gelenks denn schon ihr Essen und ob es reichlich und fragte, ob es gut und ob die Zimmer in Ordnung; und die Bedienung band sich eine neue weiße Schürze um; wenn sie herauskam, waren die Wangen leicht gerötet. Das waren vornehme Herrschaften!

Aber irgendwie verrucht waren sie auch; doch das Verruchte war faszinierend: Eines Tages hatte sich Ungeheuerliches ereignet; der junge Herr, der Juniorchef, war zur Jagdpartie bereit; kalt war's in der Nacht gewesen und nun schien die Sonne sehr warm; zu warm war das Hemd – man hatte für anderes Wetter disponiert. Da schnitt er sich mit einer Schere die Ärmel ab und hatte nun ein kühleres Hemd, mit kurzen Ärmeln. Die Tat machte die Runde: In einem Haus, in dem keine Stecknadel verloren ging, sondern so lange gebraucht wurde, bis sie abgestumpft war; in einem Haus, in dem so lange gestöbert wurde, bis schon das nächste Stöbern wieder nahe war; in einem Haus, in dem die haushaltsführende Tochter wahrscheinlich sogar die Kohlen abstaubte, damit alles tipptopp war – da geschah solcher Frevel, dass man einem Hemd einfach die Ärmel abschnitt; nun war das Hemd ruiniert. Aber es war eben der junge Herr.

Einmal saß die Tochter der Gelenks im Garten und nahm ein Sonnenbad; sie war hübsch und trug einen Badeanzug mit einem Zuschnitt, wie man ihn im heimischen Schwimmbad nicht sah. „Ein schöner Rücken kann auch entzücken", meinte ich zu den Tanten, die in der Küche die Pfannkuchen für die Suppe schnitten; dass ich so etwas sagen konnte und noch dazu dem netten Fräulein gegenüber, das so vornehm – und überhaupt! Meine Verworfenheit wurde mit Stirnrunzeln und Erröten registriert; man hoffte nur, dass die Gelenks dies nicht böse nehmen würden. Das nahmen sie nicht.

Abends kamen mehr Honoratioren als sonst zu einer Runde Bier und am Stammtisch wurden hochpolitische Gespräche geführt. Man erkannte klar die Bedeutung des Ruhrgebiets für die Rüstungsindustrie und wusste, dass dort der Führer die Waffen schmieden ließ. Die Gelenks grüßten mit „guten Abend" und da sagten auch die anderen nicht „Heil Hitler".

Ortsgruppenleiter macht Mittagspause

Er kommt – halb links hinter ihm der „Adju"; gemeint ist der Adjutant, zwölf Jahre, ein deutscher Pimpf; blaue Augen, blondes Haar und ein Seelenleuchten aus der Tiefe. Er kommt: der Herr Ortsgruppenleiter, Oberförster von Beruf. Der langweilige Vormittag im Amt ist zu Ende; nun zieht er festen Schritts und Tritts in der Mitte der Straße heim ins Reich der Häuslichkeit, wo sein Ehegemahl, leicht vergilbt vom vielen Scheuern, Putzen und Kochen, die Suppe bereithält. Weit schwingt der Umhang mit den Emblemen der staatlichen Hoheit. Die wenigen Zähne – denn zum Zahnarzt wagt er sich nicht, da müssen noch einige ausfallen – malmen zur Probe, denn sonntags wird es in der Morgenfeier wieder hoch hergehen, wenn Alljuda verhöhnt und beschimpft wird und der Geist der deutschen Denkungsart die Worttrommel rührt. Nun hat er schon die Post erreicht; in zackiger Halbwendung geht der Marsch durchs Tor hinein aufs holprige Pflaster, auf dem der Schritt und

Tritt nicht mehr so sicher wirken, weil die Steine den Stand beeinträchtigen und auch der Adju nun zu Muttern rechts abbiegt. Unser Forstmeister! Ein paar ältere Töchter blicken ihm stolz nach; ein Mann wie ein Bär, wenn man ihn von hinten sieht; ein harter Kämpfer aus den Stahlgewittern von einst. Nur der rote Ammon, den man seinerzeit ein paar Wochen nach Dachau brachte (seitdem redet er nicht mehr als er muss und er muss nicht viel), ballt die Faust. „Heil Hitler!" – strahlt der Kolonialwarenhändler Tüpfoldt und er gibt dem Herrn Ortsgruppenleiter eine Tasche mit, die die Frau Oberforstmeister heute Morgen nicht mehr tragen konnte; eine von den schwarzen Wachstuchtaschen, die es jetzt beim Gutpercher zu kaufen gibt und die sich fast alle Bürgerhaushalte, die etwas auf sich halten, angeschafft haben. Der Ortsgruppenleiter verstaut die Tasche unter dem Umhang und mahlt mit den Zahnstummeln weiter, denn bald wird der Kampf gegen Alljuda anheben und keiner kann's besser als er.

Ferieneinsatz

„52 Hitlerjungen, Angehörige der 4. und 5. Klasse der Oberschule, waren mit vielen Kameraden von den Oberschulen in Würzburg und Kitzingen usw. in der Hallertau zum Hopfeneinsatz. Untergebracht waren die Jungens in Zelten, teilweise auch bei Bauern, von denen sie auch reichlich und gut verköstigt wurden ... kamen braungebrannt zurück ... bei einer durchschnittlichen Tagesleistung haben sie rund 2500 Metzen Hopfen von annähernd 10.000 Reben gepflückt. Als Zeichen ihrer Verbundenheit mit der kämpfenden Front stifteten sie das Ergebnis eines Arbeitstages in Höhe von 100 RM für das KWHW und für das Deutsche Rote Kreuz. Einige der besten Hopfenzupfer wurden auch bei der allgemeinen Siegerehrung von der Einsatzleitung der HJ mit einem Preis bedacht." Ich bekam keinen Preis, hatte aber ziemlich viel gepflückt. Das Riesenfeld roch schrecklich, da es von dem benachbarten Zeltlager als Latrine benützt wurde. Zu Mittag gab es immer ganz fettes Schweinefleisch und schmierigen Kartoffelsalat. Der Bauer sagte, dass der Hopfen kriegswichtig sei. So war er von der Wehrmacht zurückgestellt. Das Führerbild war mit Hopfenzweigen umrahmt. Um 11 Uhr kam der Einsatzleiter mit roter Schnur am Hemd und schaute nach den Jungs; die Wehrmachtsberichte lauteten ungünstig. Die 50 Pfennig pro Korb wurden immer gleich ausbezahlt. Der Bauer erzählte, dass früher alles von den Juden aufgekauft worden sei; dass es jetzt gerecht zugehe. Überall roch es nach Hopfen. Die Hopfenweiber hockten breit auf ihren Schemeln; wir versuchten heranzurücken, da sie Intimes laut ausplauderten. Der Bauer war lustig. Einmal musste ich der Einsatzleitung

Meldung erstatten. Dort saß auch der betreuende Studienrat. Man sah allerlei Flaschen; Zigarettenrauch; das kam mir nicht sehr deutsch vor. Eine BDM-Führerin hatte die Bluse offen stehen. Die Tonlage war zackig. Der Großhopfeneinsatz für die Kriegswirtschaft rollte planmäßig ab. Einige, die vom Schwimmbad kamen, erzählten, dass allerlei im Wasser schwimme. Niemand wusste Genaues. Irgendetwas Verruchtes.

Heldengedenktag

Heldengedenktag – in die vorderste Reihe werden die Kriegerwitwen und die Eltern derjenigen geführt, die in letzter Zeit auf dem Altar des Vaterlandes sich opferten. Die politischen Würdenträger, darunter der stellvertretende Kreisleiter, geleiten sie mit ernsten Mienen zum Platz. Eckige Bewegungen – man betritt den Saal, wie man es in den Wochenschauen beim Trauermarschdefilee gesehen hat. In der zweiten Reihe die Honoratioren; drei mit goldenem Parteiabzeichen; dann die Volksgenossen. Die Hitlerjugend ist aufmarschiert, links und rechts von der Bühne. Heldensprüche werden rezitiert; Trommelwirbel; der Vorhang geht auf. Fast macht ein „Ah" die Runde; man bezähmt sich; es ist Heldengedenktag. In der Mitte das Bild des Führers und ein Hakenkreuz mit Trauerflor. Ein Meer von Blumen; im Hintergrund aus Goldpapier die Strahlen der Sonne; ein müder nackter Krieger aus Pappe wird nach Walhall getragen. Der Ortsgruppenleiter schmunzelt; so schön schmückt man nur hier. Er hält eine zündende Rede; bis in die erste Reihe spürt man seine nasse Aussprache. Erst dröhnt es ganz schwer – der Opfergang des Volkes – und wie 1914 bei Langemarck die Jugend für Deutschland starb, so sterben heute viele, aber der Endsieg! Nun hebt er die Stimme. Ein Schlachtengemälde von Ost und West, Süd und Nord; von Narvik bis zum Schwarzen Meer. Überall stürmen sie nach vorn; und daheim die Heimatfront. Und bei aller Trauer der Stolz. Und erst gestern ist wieder einer für Führer, Volk und Vaterland gefallen. Aber er lebt weiter, in unseren Herzen. Und dann Hohn auf den Feind; die Juden; die Bolschewisten und die Plutokraten. Und Amerika wird sein blaues Wunder erleben. Dann noch einmal die Toten, die nicht umsonst gestorben sind. Dieses Meer von Blumen beweist es. – Die Frauenschaftsleiterin lächelt. Sie hat alles geschmückt. Ihr Gesichtsausdruck ist ganz aufs Schmücken ausgerichtet; sie ist nicht fanatisch – sie schmückt auch in der Kirche, zu Hochzeiten, bei Beerdigungen; aber am liebsten zum Heldengedenktag. Gestern war man stundenlang beschäftigt; der ganze Saal war mit Grünzeug bedeckt; man musste heute Morgen nochmals gründlich kehren. BDM-Mädel waren dabei; ein großes Gekicher;

schwitzender Eifer; und dann die Freude, wie alles so schön geschmückt war. – Die Frauenschaftsleiterin hat mit Zierspargel nicht gegeizt; dadurch konnte man einige schadhafte Stellen der Bühne abdecken. Alpenveilchen; Astern; Gladiolen; Chrysanthemen. Denn sie sind für Führer, Volk und Vaterland gestorben. Der gestern starb, hat seinen Vater im Ersten Weltkrieg verloren. Die Mutter hält sich eine Kuh, Geißen, Hühner und Enten; sie half überall aus; der Sohn war auf der Oberschule. Der Ortsgruppenleiter hat keinen Sohn. Der stellvertretende Kreisleiter ist im besten Alter, aber für die Heimatfront u. k. gestellt. So schön geschmückt war eigentlich noch in keinem Jahr.

Warten auf die Feldpost

Abgesehen davon, dass ein paar Hühner über den Platz laufen, ereignet sich um diese Zeit – kurz vor drei Uhr – nichts; die Bauern sind entweder schon auf dem Feld oder noch nicht aufs Feld gefahren. Der Appolds Heiner, Invalide vom letzten Krieg, sitzt bei schönem Wetter auf leicht abgewetztem Strohsessel vor der Tür seines Hauses. Er ist eingenickt; nun kommt langsam der Postmeister die Straße herauf; in wenigen Minuten ist's soweit: die Mittagspost wird ausgegeben. Ich stehe bereit; noch ist nicht alles aussortiert. Erst die Zeitung – „Der Haßgauer Bote": Ein gebrauchtes Klavier in Neubühl zu verkaufen; Futterrüben; fünf Söhne, die auf dem Felde der Ehre für Führer, Volk und Vaterland gefallen sind; davon zwei aus Weitershausen; Rosa Bühlmann berichtet von einer Wanderung durch die Haßberge „... und wurde uns, als wir den Steig durch den herbstlichen Wald nahmen, der von der Sonne in ein leuchtendes Gold getaucht war, doch wieder so innig bewußt". Nun ist die Post aussortiert. Ein Brief von der Ostfront; schnell zurück; unter der Tür steht sie schon mit angstvoll aufgerissenen Augen. Ich schwenke den Brief; da atmet die Tante auf, reißt mir den Brief aus der Hand ...

Es ereignet sich um diese Zeit – kurz vor drei Uhr – nichts; die Bauern sind entweder schon auf dem Feld oder noch nicht aufs Feld gefahren. Der Appolds Heiner dreht seinen Stock und schaut, wie der Postmeister aufschließt; alles ist bereits aussortiert; ein Brief von der Ostfront; sie reißt mir den Brief aus der Hand ...

Kurz vor drei Uhr geschieht wenig auf dem Platz vor der Post; der Spitz von Kutscheras springt vorüber; ein paar Hennen; es ist kühl; der Appolds Heiner sitzt im Zimmer hinter dem Fenster. Da reißt sie mir mit angstvollen Händen den Brief aus der Hand ...

Die Uhr geht vor; noch zehn Minuten bis drei; ich kicke ein paar Steine in die Pfütze vom vormittäglichen Regen. Heute kommt eine Fachzeitung hinzu: „Der deutsche Metzgermeister" mit Ratschlägen, wie man den Wursteig strecken kann; künstliche Därme auf Bezugsschein vorrätig. Der Brief von der Ostfront fehlt ...

Am nächsten Tag wartet sie innen und zittert; der Brief wird sicher morgen kommen, denn so regelmäßig kann die Post im Krieg ja gar nicht zugestellt werden; und außerdem sind sie im Vormarsch – oder im Rückzug. Um drei Uhr ist wieder kein Brief da.

Ihr Mann kam zwei Jahre nach Kriegsende zurück; inzwischen hatte sie jeden Tag auf Post gehofft; allerdings bald kaum mehr gehofft.

Bomber im Anflug

Schön war's hinterm Haus; schon morgens große Hitze, aber unter dem Apfelbaum war der Schatten dicht. Vater las in der Zeitung den Wehrmachtsbericht – planmäßige Absetzbewegungen, der Feind hätte hohe Verluste. Von fern ein metallenes Surren. Aufs Brot strich man sich Birnengelee; einige Wespen waren im Sirup erstickt. Noch etwas Milch. Das Surren ist stärker geworden. Im Garten nebenan werden dicke grüne Bohnen abgeerntet; im Sägewerk macht man Vesper; die Bierflaschen knacken auf. Die Katze hat wieder Junge. Die Wälder auf den Höhen zeigen schon einen leichten Farbschimmer; das Obst duftet. Allerdings essen wir meist nur angefaulte Äpfel und Birnen, weil das Lagerobst immer aussortiert werden muss und man deshalb zum guten Obst nie kommt. Letzte Ferientage. Am Himmel einige Wolkenschäfchen. Planmäßiger Rückzug unserer siegenden Truppen; weit im Osten, aber nicht mehr so weit, stehen sie auf Wacht. Auch die Alliierten sind von der Normandie aus nicht so weit vorgedrungen, wie sie nach ihren Plänen hatten vordringen wollen. Der Zeitungskommentar sagt, dass wir noch nie dem Sieg so nahe waren; man muss nur – tönt Goebbels – danach greifen. Die Tomaten sind schön rot; einige sind von einem Pilz befallen. Unterm Zwetschgenbaum liegen Früchte zuhauf; sie werden aufgeklaubt für den dünnteigigen, safttriefenden Kuchen, der zudem mit Streuseln bedeckt ist. Zucker freilich ist knapp, aber es gibt im landwirtschaftlichen Betrieb gute Tauschmöglichkeiten. Die Hälfte der Aussteuer, die nun schon zwanzig Jahre gehalten hat, gibt meine Mutter dosiert an bäuerliche Verwandte, die sich mit Speck und Eiern revanchieren. – Kein Surren mehr. Dröhnen. Nun ziehen sie glitzernd in geordneter Formation über uns hinweg – die alliierten Riesenvögel – eine Welle nach der anderen. Im Feuilleton ist eine schöne Geschichte von einem blutjungen Ehepaar abgedruckt, das im Osten siedelte, obwohl die spießigen Eltern es nicht wollten. Und wie dort nun – jedes Jahr ein neues Kind – die Jugend in herrlicher

Freiheit aufwächst und das Blut sich verjüngt. Nebenan werden nun Buscherbsen geerntet; inzwischen hat die letzte Formation das Blickfeld verlassen; das Surren wird leiser. Nun ziehe ich mich in die Laube zurück und lese den „Kampf um Rom".

Die Amis sind da

Die amerikanischen Panzer erreichten den mainfränkischen Ort, in dem ich mit meiner Mutter evakuiert war, Anfang April 1945. Tagelang waren die deutschen Truppen auf der Flucht nach Süden, Richtung „Alpenfestung", durchgezogen. Der Endsieg sei nah, verkündeten die Nazis noch immer. Wir fanden Aufnahme in einem Bauernhaus etwas außerhalb, da man befürchten musste, dass der Ort zusammengeschossen würde. Die örtlichen Parteispitzen setzten sich in Zivil ab – mit Fahrrad, Motorrad, Auto. Einige Stunden Kampflärm, dann Ruhe. Wir gingen ins Städtchen zurück und schwenkten eine weiße Fahne. Überall standen Jeeps; aus den Fenstern schauten vorwiegend schwarze amerikanische Soldaten.

Auf der Straße ging es recht lebhaft zu. Die Kinder bekamen Kaugummi und Schokolade; die Kampftruppen kümmerten sich nicht ums Fraternisierungsverbot. Zum provisorischen Bürgermeister wurde einer eingesetzt, der einmal in Dachau gewesen war. In unserer Wohnung Besatzung; Offiziere; einer sprach Deutsch. Als wir ankamen, blätterte er in einem Karl-May-Band, den er aus dem Bücherschrank mit den Glasschiebetüren gezogen hatte. Meine Mutter fragte, nachdem sie mit hausfräulich-kritischem Blick die Situation einige Zeit beäugt hatte, ob die Herrn Offiziere nicht mit dem nebenstehenden leeren Zimmer, in das sie einen Tisch und Stühle stellen würde, vorliebnehmen könnten; wenn sie sich nämlich mit ihren Stiefeln und Uniformen im „guten Zimmer" mit den vielen polierten Möbeln längere Zeit aufhalten würden, wären Kratzer nicht zu vermeiden. Man war damit einverstanden.

Im Nachhinein stelle ich mir die Mutter des norddeutsch, also für uns ein sehr gepflegtes Deutsch sprechenden jüdischen Offiziers vor; wie sie Ernest stets zum sorgfältigen Umgang mit den Möbeln ermahnt hatte, denn sie hatten viel Geld gekostet; nach Wisconsin durfte Frau Bernstein freilich kaum etwas mitnehmen, als sie mit Mann und Kind 1939 noch fliehen konnte. Aber vielleicht hatte sie gar nicht fliehen können. Sorgfältig hatten sie und ihr Mann das Köfferchen gepackt, als sie zum Transport in den Osten abgeholt wurde.

Über die Polstermöbel weiße Tücher gebreitet, damit sie durch Sonneneinstrahlung nicht vergilbten. Aber vielleicht war sie doch noch entkommen. Ernest nahm den Karl-May-Band mit ins leere Zimmer. Dort könnten die Herren Offiziere, meinte meine Mutter, auch nach Belieben rauchen; sie stellte einen Aschenbecher (aus Metall, beim Runterfallen würde er nicht zerbrechen) zur Verfügung.

Neue Weltsicht

Einige Wochen nach der totalen Niederlage hörte ich im Radio Beethoven; ich weiß nicht, war es nun die dritte oder fünfte oder eine andere Symphonie; meine musikalische Sozialisation ließ mich jedenfalls eindeutig eine Beethoven'sche Symphonie identifizieren. Ich versuchte, meine dadurch ausgelöste innere Bewegung der Verwandtschaft zu erklären, was misslang. Doch ergriff mich die Sehnsucht nach einem anderen, eben nicht kleinbürgerlich-ländlichen Leben so sehr, dass ich, allein auf dem Fahrrad, mich bei den amerikanischen Kontrollposten jeweils als ein Junge vom nächsten Dorf ausweisend, in die Großstadt zurückkehrte, wo mich mein Vater ängstlich erwartete. Damals, an einem wunderschönen Tag des Juni 1945, trat ich in die Pedale des klapprigen Rades mit dem Glücksgefühl des befreiten Lebens. Das durch die Rundfunkübertragung vermittelte Erhabene bewirkte das Bewusstsein, dass nun, da mit der totalen Niederlage die verhängnisvolle Herkunft beendet schien, eine verheißungsvolle Zukunft beginne. Und da erst einige Monate vorher meine Kurzsichtigkeit entdeckt worden war und ich trotz Mangelwirtschaft noch eine Brille hatte bekommen können, sah ich die Welt klar, in bislang nur geahnter Perspektive, vor mir liegen.

Recherche

Bald löste sich alles auf, oder vielmehr: die Verhältnisse normalisierten sich. Die Töchter, die hier mit ihren Kindern für einige Jahre Schutz vor Bomben oder vor der Einsamkeit gesucht hatten, kehrten in ihre eigenen Schicksale zurück; die Männer kamen heim von den Fronten und aus der Gefangenschaft. Die Gastwirtschaft wurde verpachtet; täglich war die Großmutter noch einige Stunden im Garten. Diamantene Hochzeit; Krebs; großes Treffen bei der Beerdigung. Der Großvater noch einige Jahre von der Gicht gekrümmt; zweimal in der Woche Stammtisch; jovial brummend; kaum verändert; großes Treffen bei der Beerdigung. – Als ich dort war, wollte ich nicht fort, als ich fort war, wollte ich nicht mehr zurück. Würde ich einmal wieder hinfahren, wäre sicher alles ganz anders. Die staubige Straße geteert; am Feldweg mit dem Lagerhaus eine Siedlung. Neue Tankstellen. Die Bäckerei hätte nun ein großes Schaufenster; die Anschlagtafel unter der Torwölbung befände sich sicher immer noch dort. Oder ist das Tor wegen der Straßenführung abgebrochen worden? Aber wahrscheinlich steht es unter Denkmalschutz. Würde ich wieder einmal hinfahren, wären mir alle Gesichter fremd; ich habe die meisten Namen vergessen. – Ich erinnere mich an die Anna, die immer so lustig mitten auf der Straße von der Schule heimtrottete; vielleicht hat sie vier Kinder, oder ist gestorben beim zweiten; vielleicht ist sie überhaupt nicht verheiratet; oder verheiratet in Hamburg. Plätschert der Brunnen noch am Marktplatz? Nebenan waren die Kästen vom „Schwarzen Korps“ und vom „Stürmer“. Bei der Gastwirtschaft zur Traube ist heute die Speisekarte mit Schreibmaschine geschrieben; früher hing man eine kleine Schiefertafel an die Tür. Guter bürgerlicher Mittagstisch wie ehedem. Ich würde dort nicht essen; ich würde das Auto nicht verlassen, sondern durch die Straßen fahren und in einer Sackgasse stecken bleiben. In diesem Haus wohnte der Amtsgerichtsrat; dann waren Flüchtlingsfamilien drin. Die Villa ist schäbig geworden. Und der Bahnhof ist gar nicht mehr zu erkennen; vielleicht gibt es überhaupt keinen Bahnhof mehr, da man die Stichbahn einstellte. Hinter dem Haus erstreckten sich weite Felder; steht die Bank noch? Wahrscheinlich wurden die Grundstücke verkauft und Siedlungshäuschen gebaut. Vom Hohlweg ist nichts mehr zu sehen. Oder war der Hohlweg weiter weg? Es gab dort viele Schlehen und Hundsveilchen unter den Hecken.

Ich sollte vielleicht einmal hinfahren. Alles wäre viel größer. Oder ziemlich klein geblieben! Den Schlossberg hatte ich höher in Erinnerung. Ich würde doch aussteigen; der Friedhof wäre unverändert; Friedhöfe verändern sich nicht. Sollte man Rosen aufs Grab legen? Ich würde wahrscheinlich doch nicht aussteigen. Die Namen auf den Grabsteinen. Ich würde all die Namen lesen, die ich längst vergessen habe. Vielleicht fehlen Namen. Ich würde nicht so genau lesen. Es würden mich die Wahlergebnisse interessieren. Nicht viel SPD; großer Erfolg der NPD. Aber vielleicht ist die NPD gar nicht zum Zug gekommen. Sicher ein angesehener CSU-Bürgermeister; aber es gab viele Arbeiter; wo wohnten eigentlich früher die Arbeiter? Ich sollte einmal hinfahren. Ich würde das Städtchen wohl nicht mehr richtig erkennen; vielleicht doch.

Die Autoren

Hermann Glaser, geb. 1928 in Nürnberg. Studium der Germanistik, Anglistik, Geschichte und Philosophie in Erlangen und Bristol 1947 bis 1952; Promotion 1952; Lehramtsexamen und Eintritt in den Schuldienst. Von 1964 bis 1990 Schul- und Kulturdezernent der Stadt Nürnberg. Autor zahlreicher Bücher und Aufsätze zu pädagogischen, sozialwissenschaftlichen, kulturgeschichtlichen und kulturpolitischen Themen. Bis 1990 Vorsitzender des Kulturausschusses des Deutschen Städtetags. Mitglied des PEN, Honorarprofessor an der TU Berlin. – Glaser wurde mit dem Waldemar-von-Knoeringen-Preis, dem Schubart-Preis, dem Großen Kulturpreis der Stadt Nürnberg, dem Wolfram-von-Eschenbach-Preis des Bezirks Mittelfranken und dem Verdienstkreuz am Bande des Verdienstordens der Bundesrepublik Deutschland ausgezeichnet.

Rainer Hambrecht, Jg. 1943, Studium der Geschichte, Germanistik und Geographie in Freiburg und Würzburg 1963 bis1969, Promotion 1976, Referendariat für den höheren Archivdienst 1974 bis1977, Leiter der Staatsarchive Coburg (1982 bis1999) und Bamberg (2000 bis 2006).

Siegfried Kett: geb. 1939, Ingenieur- und Pädagogikstudium in Berlin und Stuttgart, Lehrtätigkeit an berufsbildenden Schulen, innovative Reformprojekte im Schul- und Kulturbereich zusammen mit Hermann Glaser, Leitung des Kulturamtes und der Volkshochschule in Nürnberg, bundesweites Engagement in der Erwachsenenbildung, zahlreiche Veröffentlichungen zur Kultur-, Alltags- und Technikgeschichte.

Wolfgang Mück: geboren 1939 in Müglitz an der March in Nordmähren, studierte 1961 bis 1967 Geschichte, Germanistik, Geographie und Volkskunde in Würzburg und Wien. Nach Lehramtsexamen und Promotion trat er in den Schuldienst ein. Von 1990 bis 2002 übte er das Amt des Ersten Bürgermeisters der Stadt Neustadt a. d. Aisch aus. Wolfgang Mück ist Autor zahlreicher Bücher zur Orts- und Regionalgeschichte sowie volkskundlicher und kulturgeschichtlicher Abhandlungen. Seine Arbeiten zur fränkischen Mühlengeschichte gelten als Standardwerke. Er ist Wahlmitglied der Gesellschaft für fränkische Geschichte, Ehrenbürger der Stadt Neustadt a. d. Aisch und Träger des Bundesverdienstkreuzes am Bande.

Buchfranken 2018

Bücher über und aus Franken
im Schrenk-Verlag

Die neue Buchreihe

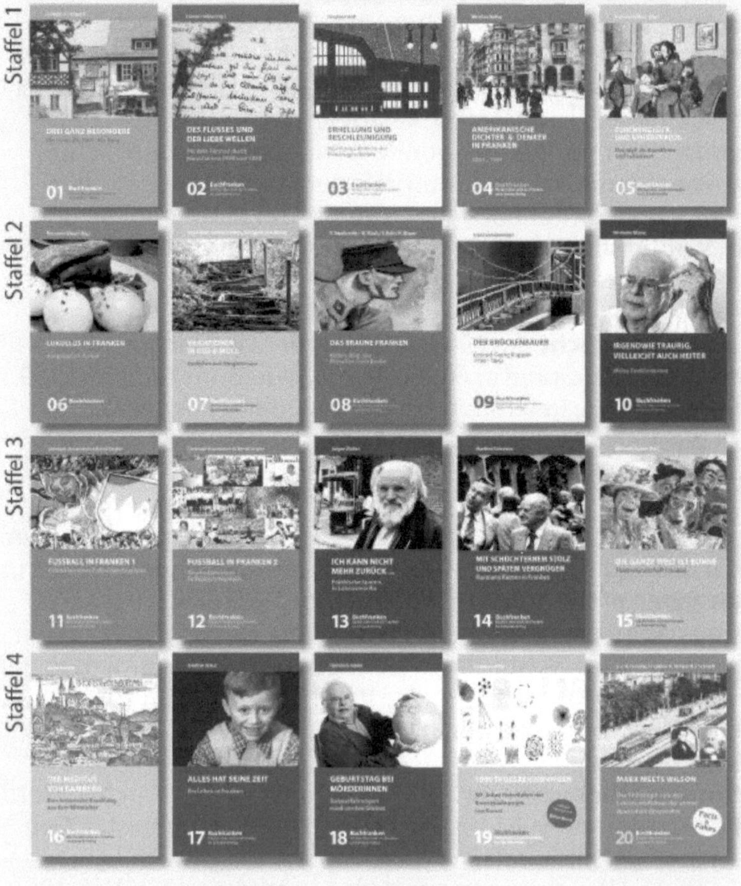

Weitere Informationen zur Reihe „**Buchfranken**"
und zum Programm des **Schrenk-Verlags** finden Sie stets unter:

www.buchfranken.de